500 Hidden Secrets

TOKIO

BRUCKMANN

EINLEITUNG

Wer denkt, Japan sei ein monolinguales und monokulturelles Land, der irrt gewaltig. Wirft man einen Blick auf die Karte wirft, so erkennt man schnell, dass das Land aus mehreren Inseln besteht. Dieser Umstand sorgt dafür, dass es in Japan je nach Region zahlreiche kulturelle Unterschiede gibt. Hinzu kommen Hunderte von Mundarten, die sich teilweise so sehr voneinander unterscheiden, dass man sie eigentlich kaum mehr als Dialekte bezeichnen kann.

Die Hauptstadt Tokio ist ein japanischer Mikrokosmos, der Menschen aus allen Ecken des Landes anzieht. Welches Bild entsteht vor Ihrem geistigen Auge, wenn Sie an Tokio denken? Eine Metropole voller Manga und Anime? Jede Menge Hightech? Eine Stadt, wo man sich ständig verbeugt, selbst, wenn man gerade telefoniert? In Wahrheit ist Tokio voller scheinbar widersprüchlicher Eindrücke. Ein großes, futuristisch aussehendes Gebäude kann schon mal direkt neben einem uralten Haus stehen. Und ein komplett in der neuesten Kollektion eines französischen Designerlabels gekleideter junger Mann spaziert vielleicht Hand in Hand mit einem Mädchen im Kimono.

Tokio gilt auch als eine der am dichtesten besiedelten Städte der Welt. Lassen Sie sich davon nicht abschrecken. Tokio ist zwar tatsächlich vollgepackt mit Menschen, aber es gibt hier noch so viel mehr zu entdecken. Vieles verändert sich dabei in einem atemberaubenden Tempo. Dieser Band mit seinen 500 Hidden Secrets wird Sie hoffentlich dabei unterstützen, neue Aspekte, die Ihnen bislang verborgen geblieben sind, zu entdecken, und Sie dazu verleiten, eine Reise in diese aufregende Stadt zu wagen.

ÜBER DAS BUCH

Dieser Reiseführer listet 500 wissenswerte Tipps zu Tokio in 100 verschiedenen Kategorien auf. Meist handelt es sich dabei um Orte, deren Besuch lohnenswert ist, bzw. um praktische Informationen, die dabei helfen sollen, sich in der Stadt zurechtzufinden. Dieses Buch soll in erster Linie inspirieren. Tokio vollständig darzustellen ist nicht das Ziel.

Zu jedem Eintrag sind eine Nummer, die Adresse sowie der jeweilige Stadtteil angegeben, damit Sie die Orte auf den Karten am Anfang des Buches wiederfinden. Suchen Sie nach der Karte des entsprechenden Stadtteils und dann nach der Nummer. Hierzu ein wichtiger Hinweis: Die Karten sind nicht sehr detailliert und können deshalb nur einen groben Überblick geben. Einen detaillierteren Stadtplan erhalten Sie bei jeder Touristeninformation, an der Hotelrezeption oder wenn Sie die entsprechende Adresse in Ihr Smartphone eingeben.

Bitte denken Sie daran, dass eine Stadt wie Tokio sich ständig verändert – der hochgelobte Chefkoch hat vielleicht ausgerechnet bei Ihrem Besuch einen schlechten Tag, oder ein im Buch als ausgezeichnet bewertetes Hotel hat inzwischen unter neuem Management vielleicht seine Qualität eingebüßt. Eine der besten fünf Bars in Shinjuku Golden-Gai kann am Abend Ihres Besuchs menschenleer sein. Hinzu kommt: Die hier vorgestellte Auswahl ist eine sehr persönliche und wird nicht immer mit Ihrem Geschmack übereinstimmen. Wenn Sie einen Kommentar hinterlassen, eine Bar empfehlen oder Ihren Lieblingsort verraten wollen, besuchen Sie bitte www.the500hiddensecrets.com (hier finden Sie auch Tipps und Infos zu dieser Buchreihe) oder folgen Sie @500hiddensecrets auf Facebook oder Instagram.

DIE AUTORIN

Yukiko Tajima wurde in Tokio geboren und ist dort aufgewachsen. Mit Mitte zwanzig fasste sie den Entschluss, die Welt zu bereisen – nicht nur als Touristin, sondern auch, um eine Weile woanders zu leben. So zog sie nach Großbritannien. Nachdem sie dort in den Neunzigern sieben Jahre lang gelebt hatte, begann sie, ihre eigene Kultur wieder für sich zu entdecken und wertzuschätzen. Seitdem hat sie sich bei vielen Projekten engagiert, die im Ausland für die japanische Kultur werben.

Heute lebt Yukiko Tajima im Herzen von Tokio, das das ganze Jahr hindurch von Touristen aus aller Welt bereist wird. Als Einheimische begann sie sich zu fragen, ob die Besucher überhaupt Zugang zu allen wichtigen Informationen über die Stadt hatten. Dank moderner Technologie wie Smartphone-Apps und Online-Übersetzer sind Reisen an Orte, wo man die Sprache nicht spricht, viel leichter geworden. Aber das muss nicht bedeuten, dass man tatsächlich Zugriff auf alle wesentlichen Informationen hat. Deshalb hat Yukiko Tajima den Entschluss gefasst, dieses Buch zu schreiben: Ihre Hoffnung ist es, dass Besucher die Stadt Tokio besser als je zuvor kennenlernen können. Nach Veröffentlichung des Buches ist sie auf jeden Fall noch viel stolzer auf ihre Stadt.

Die Autorin möchte gern all ihren Freunden danken, die bei der Zusammenstellung der Adressen mitgeholfen haben. Sie möchte sich auch bei Luster Publishers für die Möglichkeit bedanken, Ecken in Tokio entdecken zu dürfen, die sie zuvor noch nicht gesehen hatte. Zu guter Letzt möchte sie auch noch Tinne Luyten ihren Dank aussprechen, ohne die sie niemals von dieser erstklassigen Reisebuchreihe erfahren hätte.

BEZIRKE — Stadtteilname

① SHIBUYA-KU — Shibuya

② SHIBUYA-KU / MEGURO-KU — Daikanyama, Ebisu, Hiroo und Nakameguro

③ SHIBUYA-KU — Harajuku

④ MINATO-KU — Aoyama

⑤ MINATO-KU — Akasaka, Yotsuya und Ichigaya

⑥ MINATO-KU — Azabu, Roppongi und Hiroo

⑦ SHINJUKU-KU — Yoyogi und Shinjuku

⑧ CHIYODA-KU / CHUO-KU — Ginza und Nihonbashi

⑨ CHIYODA-KU — Kanda

⑩ BUNKYO-KU / TAITO-KU — Ueno und Asakusa

⑪ TOSHIMA-KU — Ikebukuro und Waseda

⑫ NAKANO-KU / SUGINAMI-KU — West-Tokio

⑬ SETAGAYA-KU — Setagaya

⑭ SHINAGAWA-KU / OTA-KU — Süd-Tokio

⑮ SUMIDA-KU / KOTO-KU — Ost-Tokio

TOKIO

Übersicht Bezirke

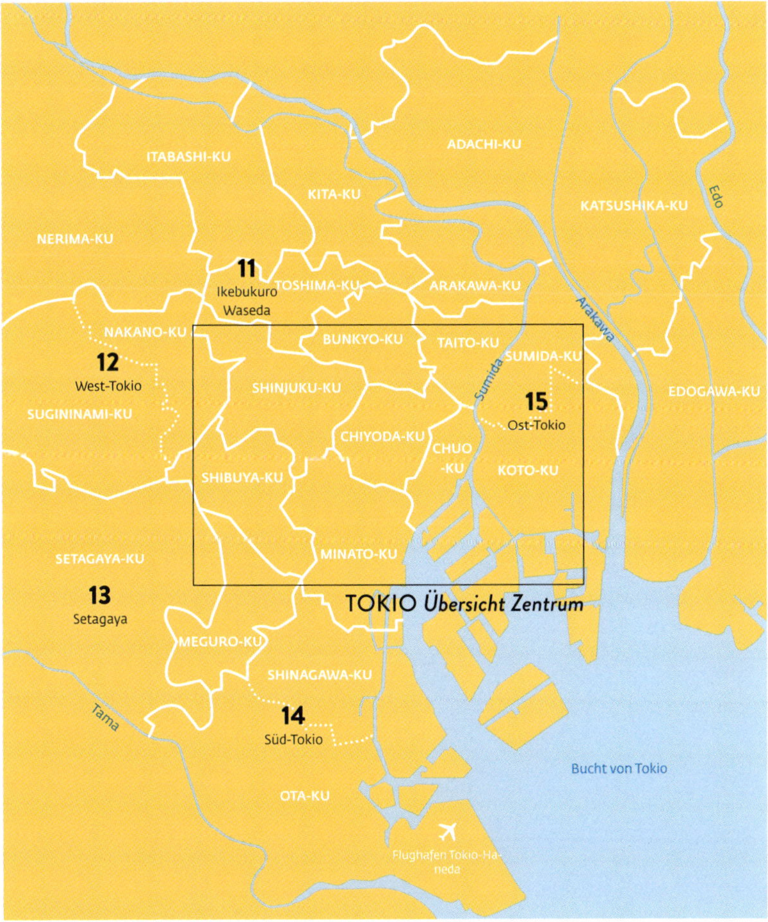

TOKIO

Übersicht Zentrum

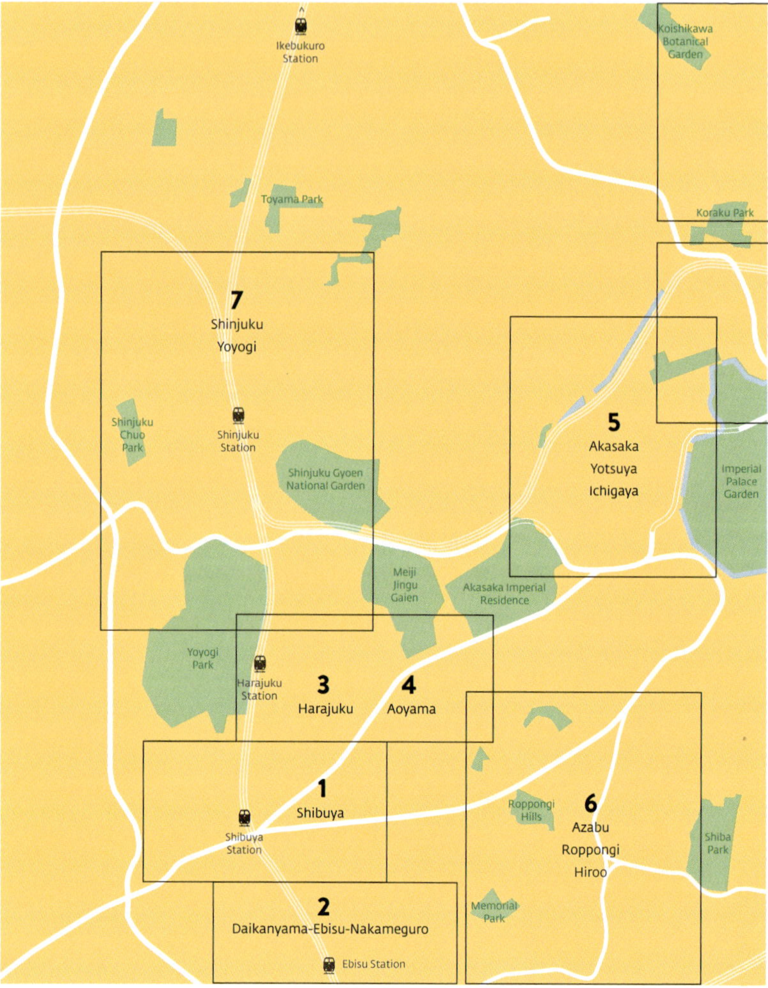

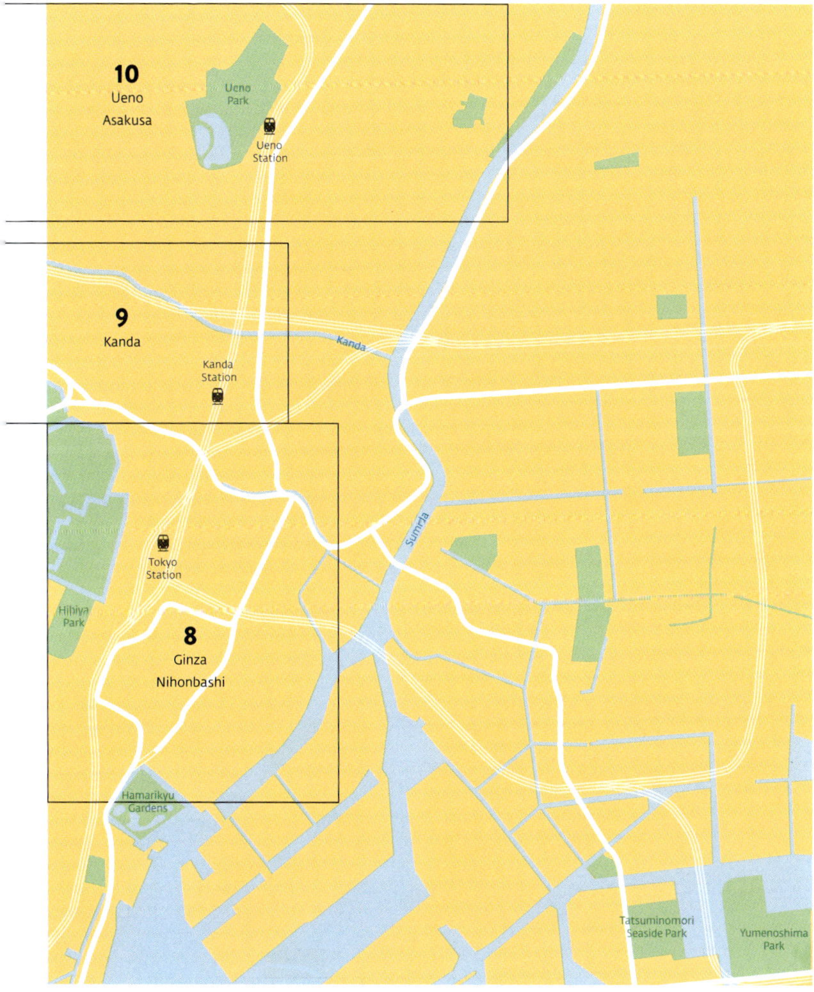
10
Ueno
Asakusa
Ueno
Park
Ueno
Station
9
Kanda
Kanda
Station
Kanda
Sumida
8
Ginza
Nihonbashi
Tokyo
Station
Hibiya
Park
Hamarikyu
Gardens
Tatsuminomori
Seaside Park
Yumenoshima
Park

Karte 1

SHIBUYA-KU

Shibuya

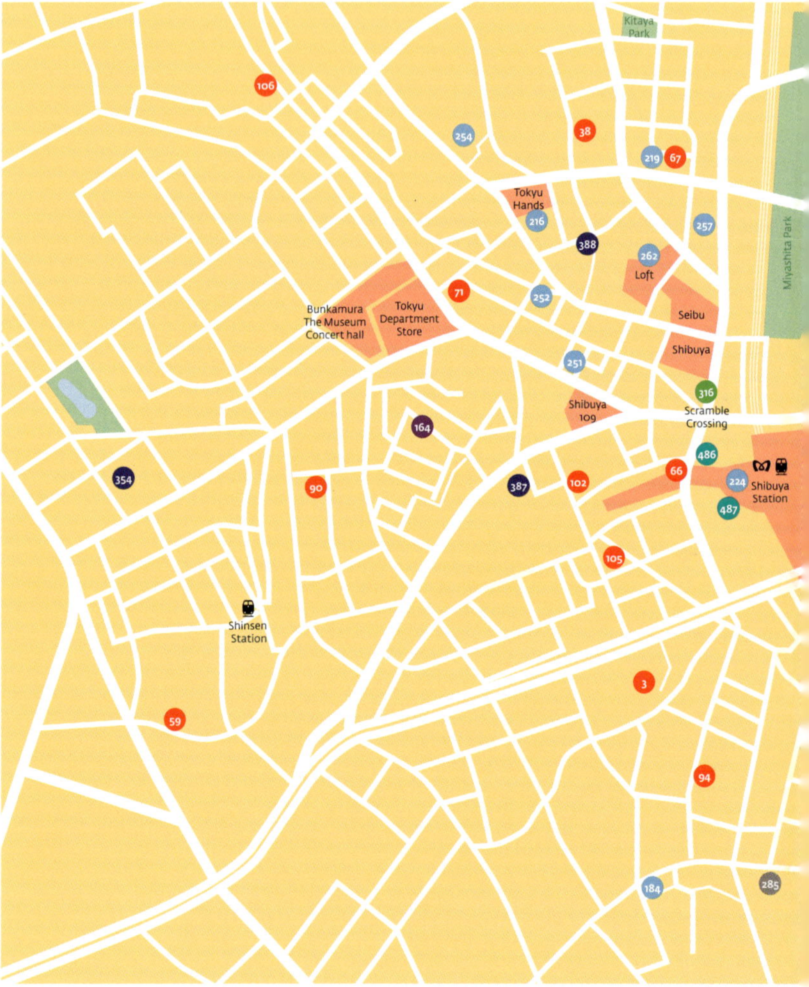

ESSEN – TRINKEN – SHOPPEN – KULTUR – GEBÄUDE – ENTDECKEN – KINDER – SCHLAFEN – WOCHENENDE – QUERBEET

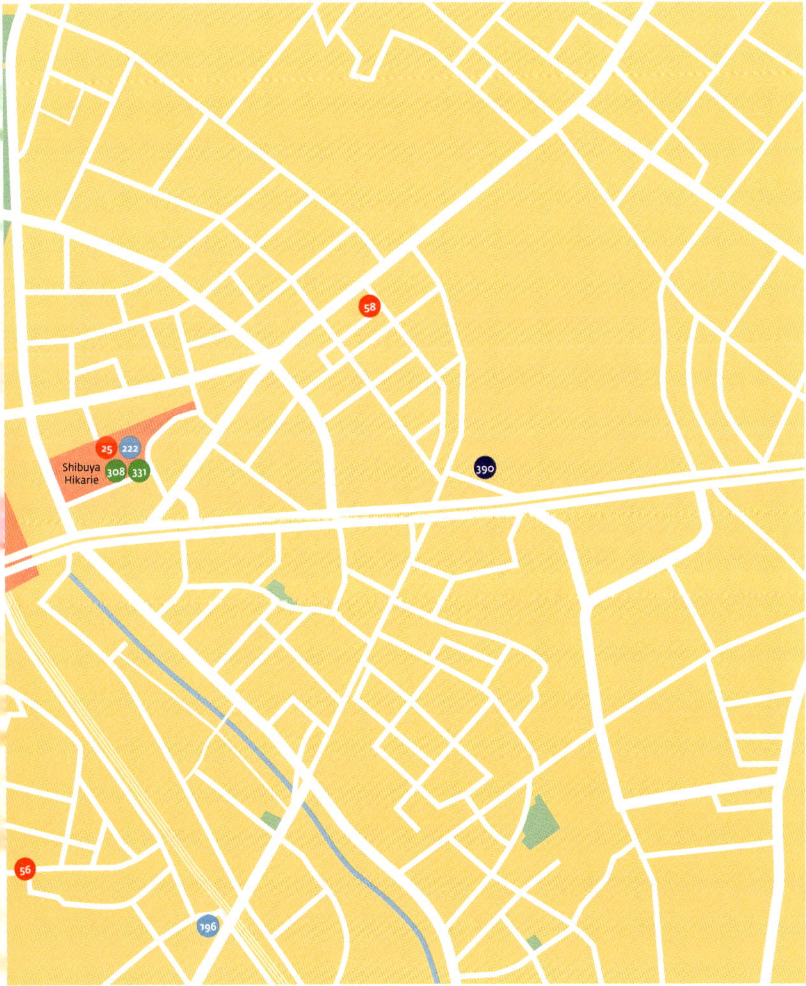
Shibuya
Hikarie
25
222
308
331
58
390
56
196

Karte 2

SHIBUYA-KU / MEGURO-KU

Daikanyama, Ebisu, Hiroo und Nakameguro

ESSEN – TRINKEN – SHOPPEN – KULTUR – GEBÄUDE – ENTDECKEN – KINDER – SCHLAFEN – WOCHENENDE – QUERBEET

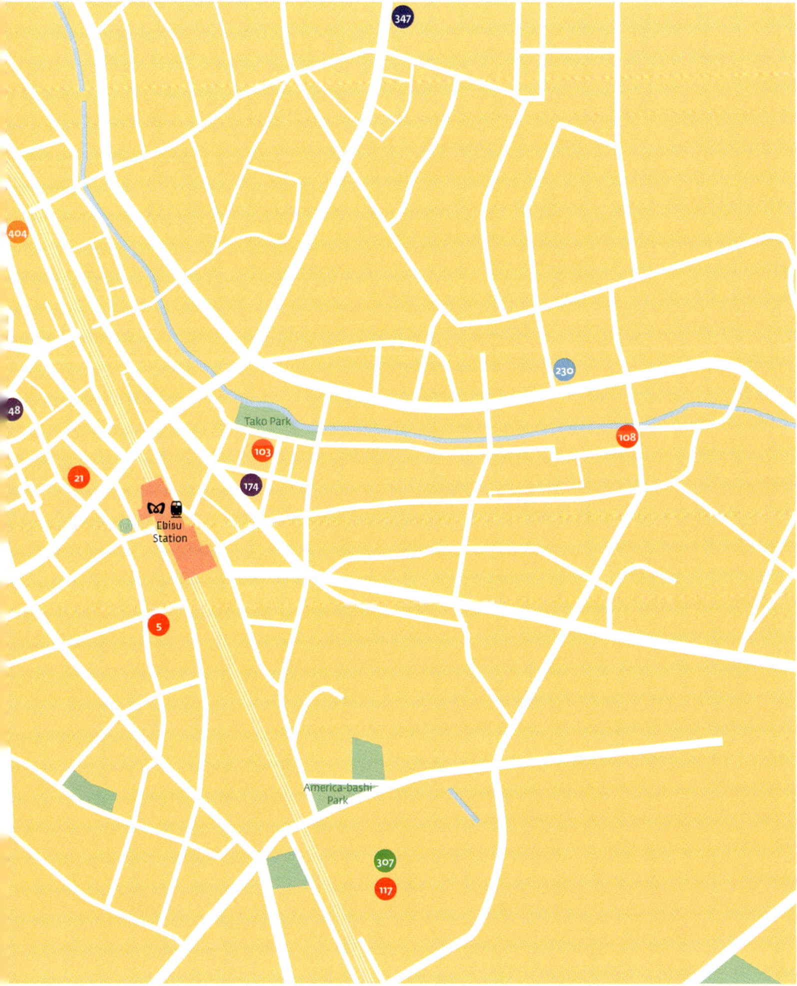
347
175
404
230
48
Tako Park
108
103
21
174
Ebisu
Station
5
America-bashi
Park
307
117

↓ 37

Karte 3

SHIBUYA-KU

Harajuku

ESSEN – TRINKEN – SHOPPEN – KULTUR – GEBÄUDE – ENTDECKEN – KINDER – SCHLAFEN – WOCHENENDE – QUERBEET

Karte 4

MINATO-KU

Aoyama

ESSEN – TRINKEN – SHOPPEN – KULTUR – GEBÄUDE – ENTDECKEN – KINDER – SCHLAFEN – WOCHENENDE – QUERBEET

Karte 5

MINATO-KU / SHINJUKU-KU

Akasaka, Yotsuya und Ichigaya

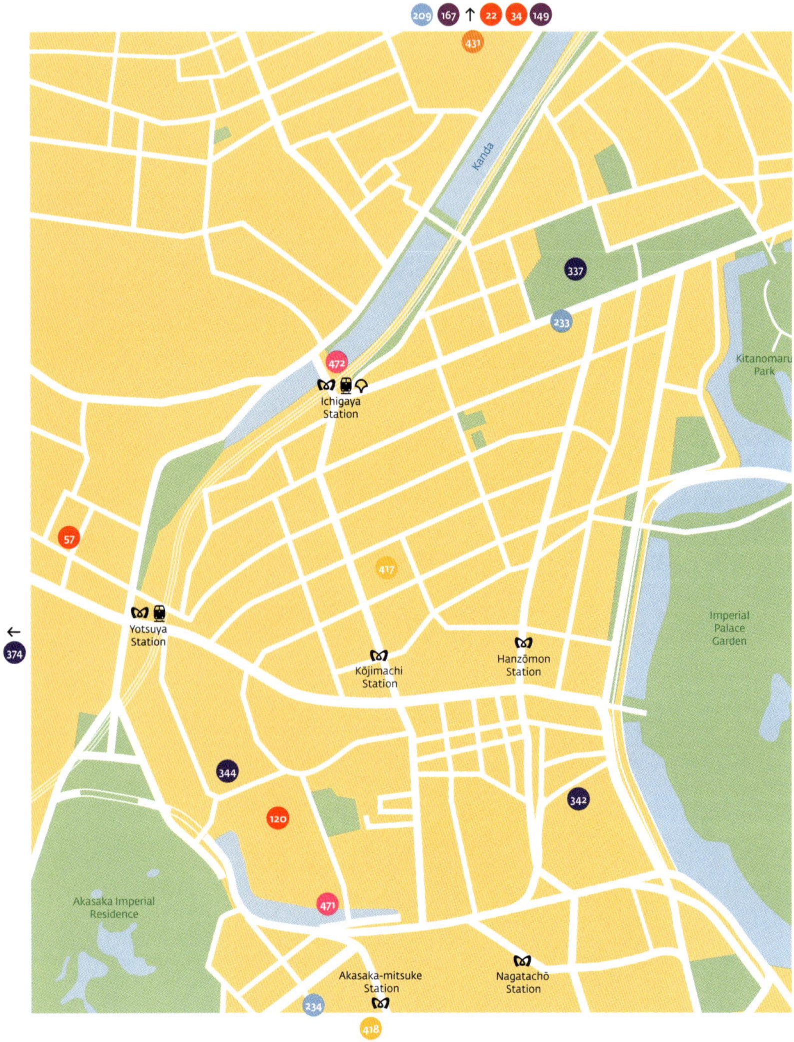

ESSEN – TRINKEN – SHOPPEN – KULTUR – GEBÄUDE – ENTDECKEN – KINDER – SCHLAFEN – WOCHENENDE – QUERBEET

Karte 6

MINATO-KU

Azabu, Roppongi und Hiroo

ESSEN – TRINKEN – SHOPPEN – KULTUR – GEBÄUDE – ENTDECKEN – KINDER – SCHLAFEN – WOCHENENDE – QUERBEET

Karte 7

SHINJUKU-KU

Yoyogi und Shinjuku

ESSEN – TRINKEN – SHOPPEN – KULTUR – GEBÄUDE – ENTDECKEN – KINDER – SCHLAFEN – WOCHENENDE – QUERBEET

Karte 8

CHIYODA-KU / CHUO-KU

Ginza und Nihonbashi

ESSEN – TRINKEN – SHOPPEN – KULTUR – GEBÄUDE – ENTDECKEN – KINDER – SCHLAFEN – WOCHENENDE – QUERBEET

Karte 9

CHIYODA-KU

Kanda

ESSEN – TRINKEN – SHOPPEN – KULTUR – GEBÄUDE – ENTDECKEN – KINDER – SCHLAFEN – WOCHENENDE – QUERBEET

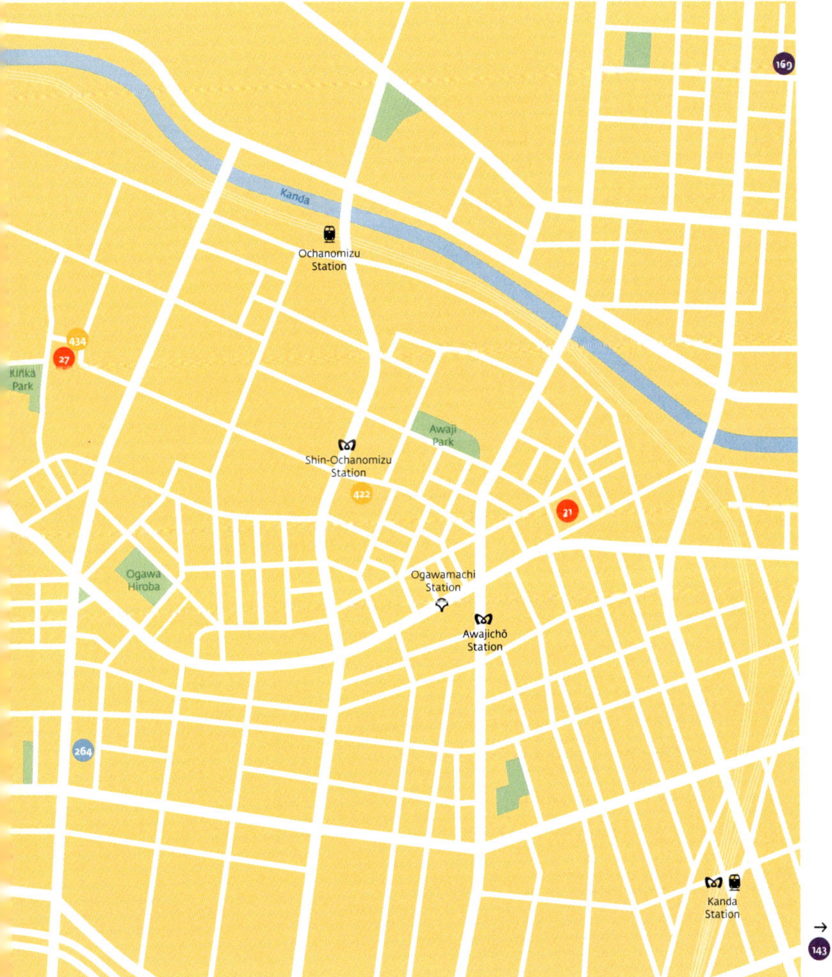
169
Kanda
Ochanomizu Station
434
27
Kinka Park
Awaji Park
Shin-Ochanomizu Station
422
71
Ogawa Hiroba
Ogawamachi Station
Awajichō Station
264
Kanda Station
→
143

Karte 10

BUNKYO-KU / TAITO-KU

Ueno und Asakusa

ESSEN – TRINKEN – SHOPPEN – KULTUR – GEBÄUDE – ENTDECKEN – KINDER – SCHLAFEN – WOCHENENDE – QUERBEET

Yanaka
emetery
Uguisudani
Station
Iriya
Station
407
Tokyo
National Museum
Hyokeikan
eno
Zoo
97
Ueno
Park
Ueno
Station
372
412
Keisei Ueno
Station
240
no-hirokoji
Station
Okachimachi
Station
Naka-Okachimachi
Station
Inaricho
Station
469
10
44
429
63
Asakusa
Station
376
204
328
88
284
229
Station
Asakusa
Tawaramachi
Station
Sumida

Karte 11

TOSHIMA-KU

Ikebukuro und Waseda

ESSEN – TRINKEN – SHOPPEN – KULTUR – GEBÄUDE – ENTDECKEN – KINDER – SCHLAFEN – WOCHENENDE – QUERBEET

Karte 12

NAKANO-KU / SUGINAMI-KU

West-Tokio

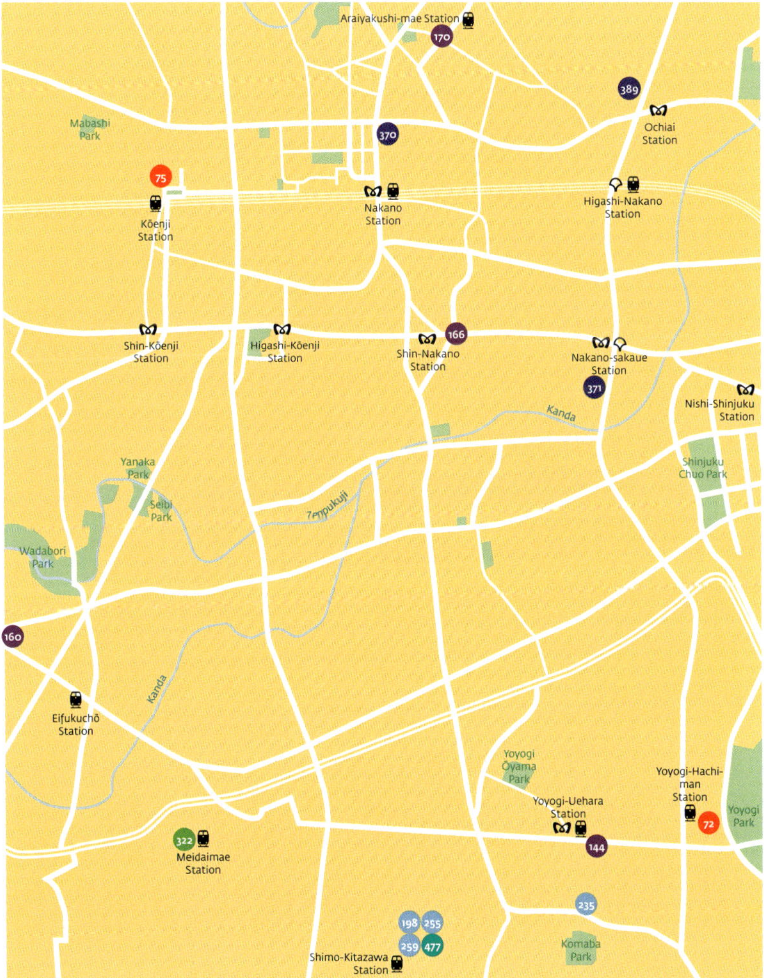

ESSEN – TRINKEN – SHOPPEN – KULTUR – GEBÄUDE – ENTDECKEN – KINDER – SCHLAFEN – WOCHENENDE – QUERBEET

Karte 13

SETAGAYA-KU

Setagaya

ESSEN – TRINKEN – SHOPPEN – KULTUR – GEBÄUDE – ENTDECKEN – KINDER – SCHLAFEN – WOCHENENDE – QUERBEET

Karte 14

SHINAGAWA-KU / OTA-KU

Süd-Tokio

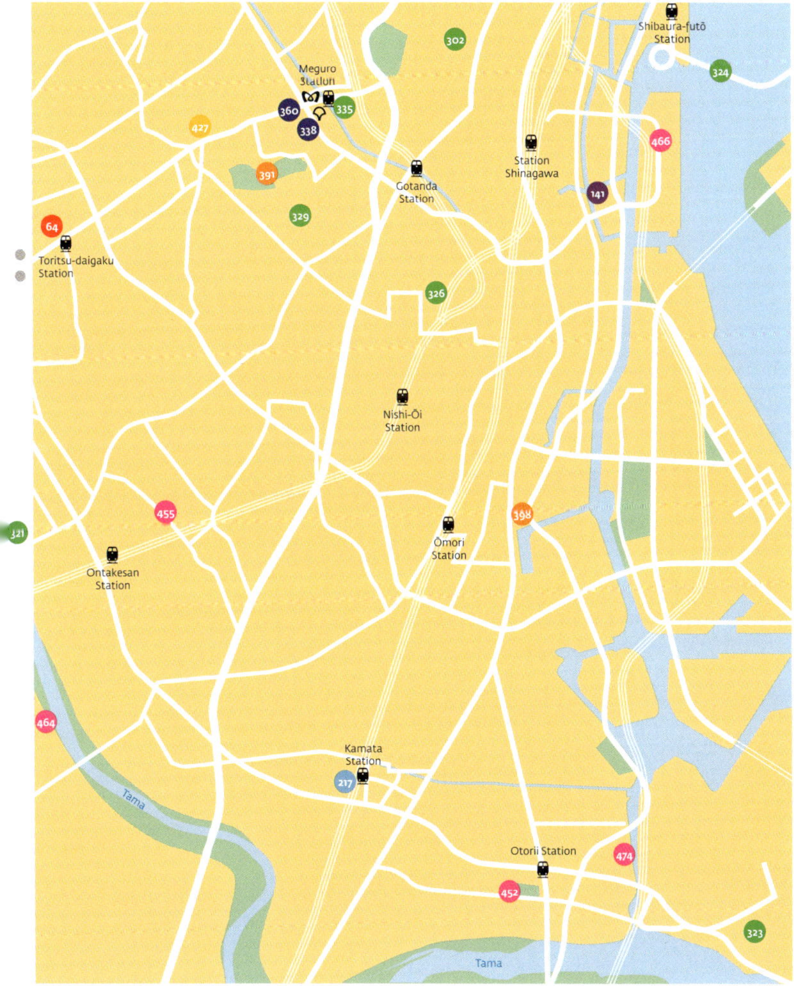

ESSEN – TRINKEN – SHOPPEN – KULTUR – GEBÄUDE – ENTDECKEN – KINDER – SCHLAFEN – WOCHENENDE – QUERBEET

Karte 15

SUMIDA-KU / KOTO-KU

Ost-Tokio

ESSEN – TRINKEN – SHOPPEN – KULTUR – GEBÄUDE – ENTDECKEN – KINDER – SCHLAFEN – WOCHENENDE – QUERBEET

誠に勝手ながら
十月十九日(土)
臨時休業させて頂きます
店主

誠に勝手ながら
十月 十七日(土)
臨時休業させて頂きます

120 ORTE ZUM ESSEN GEHEN ODER ESSEN KAUFEN

5 tolle KAISEKI- und JAPAN-Restaurants

1 **TOFUYA UKAI**
4-4-13 Shiba Koen
Minato-ku ⑥
+81 (0)3-3436-1028
ukai.co.jp

Am Fuße des Tokyo Tower genießen Gäste ein komplettes Tofu-Menü mit Blick auf einen herrlichen japanischen Garten. Der Tofu kommt aus Hachiōji, das für sein ausgezeichnetes Wasser berühmt ist. Zudem gibt es eine umfangreiche Sake-Auswahl.

2 **KIKUURA**
7-16-3 Nishi-Shinjuku
Shinjuku-ku ⑦
+81 (0)3-5389-5581
kikuura.com

Ein kleines Restaurant, das leckere Mahlzeiten zu vernünftigen Preisen anbietet. Am Mittag kann man zum Beispiel *donburi* (eine Schale Reis mit einer weiteren Zutat) zu einem unglaublich günstigen Preis bestellen. Schnappen Sie sich einen Platz an der Theke, dann können Sie dem Koch in der offenen Küche bei der Arbeit zusehen.

3 **KANETANAKA**
CERULEAN TOWER
TOKYU HOTEL
26-1 Sakuragaokacho
Shibuya-ku ①
+81 (0)3-3476-3420
kanetanaka.co.jp

Im Cerulean Tower gibt es zwei Restaurants. Das Lokal im Untergeschoss bietet einen 50-Quadratmeter-Raum mit Blick auf das Nōh-Theater. Hier werden am Abend nur Pärchen und Gruppen von bis zu 16 Personen willkommen geheißen (zwei Gruppen am Mittag). Das andere, Kanetanaka-so, liegt im zweiten Stock und serviert Frühstück, Mittag- und Abendessen.

4 **KURUMAYA BEKKAN**
3-21-1 Shinjuku
Shinjuku-ku ⑦
+81 (0)3-3352-5566
kuruma-ya.co.jp

Während der Shōwa-Zeit war dieses Restaurant ein literarischer Treffpunkt für Schriftsteller. Im Erdgeschoss gibt es *teppanyaki*. *Sukiyaki* (ein Eintopf aus Rindfleisch und Gemüse in Sojasoße, Sake und Zucker), *shabu shabu* (dünn geschnittenes Rindfleisch und Gemüse in heißem Wasser gekocht) und andere japanische Spezialitäten genießt man im Obergeschoss.

5 **KUON**
1-14-15 Ebisu-Minami
Shibuya-ku ②
+81 (0)3-3793-1319
www.ku-on.com

Ein ruhiges, gemütliches Restaurant in einer Seitenstraße dieses geschäftigen Viertels. Perfekt für feierliche Anlässe dank des ausgezeichneten Preis-Leistungs-Verhältnisses. Die Auswahl an À-la-carte-Gerichten (*a-ra-ka-ru-to* auf Japanisch) wechselt monatlich.

1 TOFUYA UKAI

5 GÜNSTIGE SUSHI-Restaurants

6 **SUSHI NO MIDORI**
1-20-7 Umegaoka
Setagaya-ku ⑬
+81 (0)3-3429-0066
sushinomidori.co.jp

Dies ist eines der beliebtesten Sushi-Restaurants in ganz Tokio mit Filialen in Shibuya, Ginza und an anderen Orten. Das bekannteste Gericht ist *ganso anago*, ein ganzer Conger-Aal serviert auf Reis. Das Praktische: Man kann online einchecken und, während man auf einen freien Tisch wartet, etwa einkaufen gehen, statt vor dem Restaurant anstehen zu müssen.

7 **TSUKIJI TAMA SUSHI**
1-9-4 Tsukiji
Chuo-ku ⑧
+81 (0)3-3541-1917
tamasushi.co.jp

Seit seiner Eröffnung im Jahr 1924 in Tsukiji gilt dieses Restaurant als erstklassiges Sushi-Lokal mit ausgezeichnetem Service. Mittags erhält man zu vernünftigen Preisen ein fertig zusammengestelltes Sushi-Menü, eine Schale *Tsukiji-don* oder *chirashi sushi*. Die Filiale in Ginza (5-8-20 Ginza, Chūō-ku) bietet Gästen mit großem Hunger auch *tabe hodai* (All-you-can-eat).

8 **TSUKIJI BIG SUSHI**

1-10-1 Otowa
Bunkyo-ku ⑪
+81 (0)3-3945-2361

Auch wenn im Namen das Wort Tsukiji vorkommt, befindet sich dieses Restaurant nicht wirklich im Stadtviertel Tsukiji. Allerdings ist jedes Stückchen Sushi genauso groß, wie der Name verheißt. Hier erhalten Sie fantastisches Sushi für den Preis eines *kaiten sushi* (Sushi vom Laufband). Nach einem kräftigen Mittagessen ist man auf jeden Fall pappsatt.

9 **ROPPO SUSHI**

1-11-8 Kanda Jinbocho
Chiyoda-ku ⑨
+81 (0)3-3291-6879

Dieses kleine Lokal liegt in der Nähe der U-Bahn-Station Jinbōchō. Während man auf das Essen wartet, kann man den Köchen bei der Arbeit zusehen. Die Pickles, die zwischen den Mahlzeiten serviert werden, sind ebenfalls köstlich. An der Theke gibt es nur zwölf Sitzplätze, deshalb kann es hier sehr schnell sehr voll werden.

10 **468**

3-23-14 Nishi-Asakusa
Taito-ku ⑩
+81 (0)3-3843-6964

Den Namen dieses Lokals spricht man wie folgt aus: Yōroppa. Das ist das japanische Wort für Europa. Dieses kleine Sushi-Restaurant hat nur sechs Sitzplätze und serviert *bo-sushi* oder »Laib«-Sushi. Bei der Zubereitung werden Fisch und Reis in einer langen hölzernen Box aufgeschichtet. Gerichte zum Mitnehmen lassen sich auch telefonisch bestellen.

Die 5 besten Orte im

TSUKIJI-FISCHMARKT

11 **SUSHI DAI**
6-21-2 Tsukiji
Chuo-ku ⑧
+81 (0)3-3541-3738
tsukiji-sushidai.com

Hier kommt der Fisch direkt vom benachbarten Markt. Auch auf die Qualität von Sojasoße und Salz wird besonders viel Wert gelegt. Montags bis samstags ist das Restaurant bis 4 Uhr morgens geöffnet. Zahlung per Kreditkarte ist möglich, jedoch nicht zur Mittagszeit.

12 **TSUKIJI DONBURI ICHIBA**
4-9-5 Tsukiji
Chuo-ku ⑧
+81 (0)3-3541-8978

Auch wenn das Wort *donburi* einfach nur »Schüssel« bedeutet, bezeichnet es oft eine Schüssel mit gekochtem Reis und einer weiteren Zutat obendrauf. Beliebte Gerichte sind hier unter anderem *Ichiba-don*, also »Markt«-don, mit Sashimi verfeinert und *Maguro no hohoniku-don* mit gegrillten Thunfischbäckchen.

13 **YAJIMA**
Tsukiji Oroshiuri Shijo
8 Gokan
5-2-1 Tsukiji
Chuo-ku ⑧
+81 (0)3-3541-0729
tsukijigourmet.or.jp

Das Yajima ist ein bei Arbeitern auf dem Tsukiji-Markt beliebtes Ramen-Restaurant. Seine Spezialität, Austern-Ramen, ist von Oktober bis März erhältlich. Zur Auswahl stehen zudem Salz-Ramen *(shio)* oder Miso-Ramen. Sie sollten sich dazu auch unbedingt ein paar selbst gemachte »Jumbo« *gyoza* bestellen (chinesische Knödel).

14 HIGASHI INDO KARE SHOKAI

4-10-7 Tsukiji
Chuo-ku ⑧
+81 (0)3-3545-5108

Die meisten besuchen den Tsukiji-Fischmarkt, um dort Sushi oder Sashimi zu essen. Wenn Sie nicht so sehr auf rohen Fisch stehen, können Sie auch ein japanisches Curry probieren. Neben Curry und Reis gibt es außerdem das hier entwickelte *curry onigiri* – Reisbällchen mit Curry-Soße.

15 KANNO

4-9-5 Tsukiji
Chuo-ku ⑧
+81 (0)3-3541-9291

Noch ein Restaurant mit Reisschüsseln. Hier haben sich die Preise seit der Eröffnung nicht verändert. Wenn Sie also einen günstigen Snack suchen (die meisten Lokale in Tsukiji sind recht günstig), dann schauen Sie doch einmal hier vorbei. Das beliebteste Gericht ist *Sanshu-mori*, Reis mit Thunfisch, Lachsrogen und Seeigel.

12 TSUKIJI DONBURI ICHIBA

5 Dinge, die man wissen sollte, BEVOR MAN SUSHI ISST

16 **DER EDO-MAE-STIL**

Es gibt verschiedene Arten von Sushi. Der Edo-Mae-Stil (Tokio-Stil) mit rohem Fisch auf Reis ist wohl das bekannteste Sushi außerhalb Japans. Die *Edokko* (das Wort bezeichnet Menschen, die in Edo, also Tokio, geboren sind und dort leben) gelten allgemein als ziemlich ungeduldig. Dieser Stil passt also ausgezeichnet, weil man so Reis und Fisch in einem Happen essen kann.

17 **GARI**

Gari bezeichnet dünn geschnittenen eingelegten Ingwer. Er verfügt über einen antimikrobiotischen Effekt. *Gari* isst man, um zwischen den Häppchen Sushi die Geschmacksnerven zu neutralisieren. Das Wort bezeichnet nur den Sushi-Ingwer: Das eigentliche Wort für Ingwer ist *shōga*.

18 **MIT DEN FINGERN ESSEN**

Edo-Mae-Sushi richtig zu essen bedeutet eigentlich, dass man es mit den Fingern isst, und nicht mit Stäbchen. Nehmen Sie das Stück Sushi mit Daumen, Zeige- und Mittelfinger, drehen Sie es um, tunken Sie den Fisch in die Sojasoße und verputzen Sie den Happen mit einem Bissen.

19 **TIPPS ZUR BESTELLUNG**

Beginnen Sie mit etwas Leichtem wie zum Beispiel Scholle, einem anderen Weißfisch oder Kalmar, und wenden Sie sich dann fettigerem Fisch wie Thunfisch oder Conger-Aal zu. Letzten Endes können Sie aber bestellen, worauf Sie gerade Lust haben. Wenn Sie mit öligem Fisch anfangen, können Sie den Geschmack mit *gari* und grünem Tee neutralisieren.

20 **LEGEN SIE BESSER KEIN PARFUM AUF**

Wenn Sie sich dazu entschließen, in ein richtiges Sushi-Restaurant zu gehen – nicht in eines mit Laufband –, dann legen Sie besser kein Parfum auf, oder halten Sie sich ganz entschieden zurück. Der Duft von Parfum kann leicht das Geschmackserlebnis beim Genuss von Sushi beeinträchtigen. Diese Regel gilt auch für andere Lokale wie zum Beispiel Sake-Bars.

18 MIT DEN FINGERN ESSEN

Die 5 besten Restaurants mit
REGIONALER KÜCHE

21 **ATERUI**
1-8-10 Ebisu-Nishi
Shibuya-ku ②
+81 (0)3-5784-2668
aterui-ebisu.jimdo.com

Der Besitzer des Restaurants bezieht alle frischen Zutaten direkt von seiner Heimatinsel Hokkaidō. Fisch, Seeigel, Austern, Chinesische Wollhandkrabben … alles, was man hier erhält, ist ein wenig anders als in anderen *izakaya* (Bars). Mit etwas Glück finden Sie Gerichte auf der Karte, die sonst in Tokio schwer erhältlich sind.

22 **HONKE ABEYA**
3-2-40 Kagurazaka
Shinjuku-ku ⑤
+81 (0)3-5225-2664
honkeabeya.com

Hier erhält man *Hinai-Jidori*, das in Akita gezüchtete Hühnchen, das zu den drei besten Hühnerrassen der Welt zählt. Das *Oyako-don*, ein Gericht aus Hühnchen und Reis, ist absolut empfehlenswert. Akita ist ein bekanntes Reisanbaugebiet mit einem hervorragenden Sake, den man hier natürlich auch probieren kann.

23 **YANMO**
5-5-25 Minami-Aoyama
Minato-ku ④
+81 (0)3-5466-0636
yanmo.co.jp

In diesem Lokal gibt es Fisch von der Izu-Halbinsel, zum Beispiel in Form von Sashimi oder als Grillgericht. Zum Mittagstisch wird der Fisch mit einer Schale Reis, einem Teller Miso-Suppe und einer Beigabe serviert, und alles schmeckt einfach superlecker. Übrigens All-you-can-eat!

24 **TOSA DINING OKYAKU**
GINZA TOWER, 2. STOCK
1-3-13 Ginza
Chuo-ku ⑧
+81 (0)3-3538-4351
marugotokochi.com/shop/okyaku.html

In Ginza findet man viele *antena shoppu* (Geschäfte, die Spezialitäten einer bestimmten Präfektur verkaufen). Dieses Restaurant befindet sich im Kochi's Shop und serviert die regionalen Gerichte aus Kōchi, das bekannt ist für seine Meeresfrüchte. Probieren Sie zum Beispiel das *katsuo no tataki* (leicht gegrillter Bonito-Fisch). Auf der Karte stehen außerdem köstliche Schweine- und Rindfleischgerichte.

25 **D47 SHOKUDO**
HIKARIE BUILDING, 8. STOCK
2-21-1 Shibuya
Shibuya-ku ①
+81 (0)3-6427-2303
d-department.com

Es gibt 47 Präfekturen in Japan, und in diesem Restaurant finden Sie Spezialitäten aus dem ganzen Land. Die verschiedenen Menüfolgen *(teishoku)* wechseln monatlich. Es finden zudem regelmäßig Food-Events und Workshops statt, bei denen man mehr über die regionale Küche Japans erfahren kann.

Die 5 besten Orte für

TEMPURA

26 **TENHIDE**
7-12-21 Nishi-Shinjuku
Shinjuku-ku ⑦
+81 (0)3-5386-3630
ten-hide.com

Das Restaurant liegt in einer ruhigen Straße unweit des geschäftigen Bahnhofs Shinjuku. Für seine traditionellen Gerichte im Edo-Stil bezieht es die besten saisonalen Zutaten jeden Tag direkt vom Tsukiji-Fischmarkt. Am Abend sind die Menüfolgen festgelegt, weswegen man für Tempura besser mittags vorbeischaut.

27 **YAMANOUE**
HILLTOP HOTEL
1-1 Surugadai Kanda
Chiyoda-ku ⑨
+81 (0)3-3293-2831
yamanoue-hotel.co.jp/restaurant/tenpura/

Ein edles Restaurant im Hilltop Hotel, wo viele berühmte Schriftsteller wie Yukio Mishima und Yasunari Kawabata nächtigten, als sie ihre Romane geschrieben haben. Nicht verpassen sollte man *maruju*, mit Tempura ummantelte dicke Süßkartoffelstifte. Am besten teilt man sich das Ganze, denn die Portionen haben es in sich.

28 **TENSAKU**
3-2-16 Shimo-Ochiai
Shinjuku-ku ⑪
+81 (0)3-3954-1036

Neben Shrimps und Gemüse gibt es in diesem beliebten Restaurant unweit des Mejiro-Bahnhofs eher ungewöhnliches Tempura. Saisonabhängig kann man etwa Seeigel, Krebs, Feige, *mochi* (Reiskuchen) und Baby-Maiskolben bestellen. Hier fühlt man sich schnell willkommen.

29 **MIYAKAWA**
6-1-6 Minami-Aoyama
Minato-ku ④
+81 (0)3-3400-3722

Ein kleines Tempura-Lokal im Kansai-Stil auf der gegenüberliegenden Seite des Nezu-Museums. Gibt man in Kanto häufig ein Ei in den Teig, wird dies in Kansai meist nicht getan. Die Garnelen, Jakobsmuscheln, Auberginen und andere saisonale Zutaten im dünnen Teigmantel sind superknusprig. Auch hier gibt es eine preisgünstige Mittagskarte.

30 **KIKUYA**
4-6-1 Ebisu
Shibuya-ku ⑦
+81 (0)3-5422-9077
kikuyajp.com

Eine lockere Stehbar mit Tempura-Gerichten und Drinks, in der man auf Frauen und Männer aller Altersklassen trifft. Hier finden Sie viele eher ungewöhnliche Tempura, wie man sie nicht so einfach anderswo erhält, wie zum Beispiel Koriander, *nattō* (fermentierte Sojabohnen), *beni shōga* (eingelegter roter Ingwer) und *tako-yaki* (in Teig gehüllte Oktopusbällchen).

27 YAMANOUE

Die 5 besten Orte für

JAPANISCHE NUDELN

31 **KANDA MATSUYA**
1-13 Kanda-Sudacho
Chiyoda-ku ⑨
+81 (0)3-3251-1556
kanda-matsuya.jp

Schon in der Meiji-Zeit wurden hier von Hand geknetete *soba* (Buchweizennudeln) verkauft. Der Chefkoch empfiehlt *goma soba* (Sesam), was bei weiblichen Gästen sehr beliebt ist. Der *sobagaki* (ein Knödel aus Buchweizen und Wasser) und *Ten-Nanban* (Tempura-*soba*) sind ebenfalls sehr gut.

32 **SARASHINA HORII**
3-11-4 Moto-Azabu
Minato-ku ⑥
+81 (0)3-3403-3401
sarashina-horii.com

Angeblich wurde das Restaurant vor über 200 Jahren eröffnet. Sein beliebtestes Menü mit *Sarashina soba* besteht aus weißen Nudeln, die aus Buchweizenkörnern hergestellt werden. Das saisonale *soba* wird aus *Sarashina soba* zusammen mit einer weiteren Zutat zubereitet. Dazu werden zwei Dip-Soßen gereicht.

33 **MATSUO**
2-1-7 Sarugaku-cho
Chiyoda-ku ⑨
+81 (0)3-3291-3529

Wenn man sich nicht entscheiden kann, sollte man *Nishoku-mori* bestellen, also zwei verschiedene Geschmacksrichtungen auf einem Teller. Zudem gibt es jede Menge Auswahl bei den Beilagen, etwa Tempura und *yuki-miso* (gegrilltes Miso). Wenn noch Platz bleibt für ein Dessert, probieren Sie am besten *sobagaki* mit roter Bohnenpaste.

31 **KANDA MATSUYA**

34 **KYOURAKUTEI**

3-6 Kagurazaka
Shinjuku-ku ⑤
+81 (0)3-3269-3233
kyourakutei.com

In einer Seitenstraße von Kagurazaka gelegen. Die Nudeln hier werden aus steingemahlenem Buchweizen gefertigt und sind bei *soba*-Fans sehr beliebt. Das *Zaru Soba* wird aus 100 % Buchweizen und ohne Weizenmehl hergestellt, was das Gericht zu einer guten Option für eine glutenfreie Ernährung macht. Zudem kann man hier eine große Auswahl an Sake bestellen, etwa um die geschmorten Rindfleischsehnen herunterzuspülen.

35 **GONBEE**

5-9-3 Minami-Aoyama
Minato-ku ③
+81 (0)3-3406-5733
smoke-stone.com/gonbee

Dieses Lokal gibt es seit 1976 und es ist sich all die Jahre treu geblieben, auch wenn sich die Nachbarschaft immer wieder gewandelt hat. Trotz der Lage in einer der teuersten Gegenden von Tokio sind die festen Mittagsmenüs sehr erschwinglich. Am Abend können Sie zum Sake kleinere Snack-Portionen bestellen.

5 tolle Lokale für
RAMEN

36 **TENHO**
7-8-5 Roppongi
Minato-ku ⑥
+81 (0)3-3404-6155

Dieses Lokal befindet sich in einem Gebäude direkt vor dem Tokyo Midtown. Die Nudeln des »1-3-5 Ramen« sind ein bisschen bissfester, und die sojasoßenbasierte Suppe ist öliger und salziger. *Menbari* ist eine alternative Version des 1-3-5 Ramen mit einer noch festeren Nudel. Trotzdem kann man dem Ganzen schon nach dem ersten Bissen hoffnungslos verfallen.

37 **ISHIN**
3-4-1 Kami-Osaki
Meguro-ku ②
+81 (0)3-3444-8480

Wenn Sie ölige und fettige Speisen weniger schätzen, aber trotzdem mal Ramen essen möchten, dann sind Sie hier genau richtig. Die klare Suppe hat eine gute Textur und ist so gut, dass man versucht ist, den Teller auszuschlecken. Verpassen Sie nicht die leckeren *Wan Tan* (chinesische Teigtaschen)!

38 **MENYA NUKAJI**
3-12 Udagawacho
Shibuya-ku ①
+81 (0)3-3476-8148

Hier erhält man sowohl Ramen als auch *tukemen* (Nudeln zum Dippen). Die Suppe ist eine Mischung aus Fleisch- und Fischbrühe – dick, aber nicht zu schwer. Wenn Sie Tokio im Sommer besuchen, probieren Sie das *Katsuo-dashi no Hiyashi Nike Soba* (Fleischnudeln in einer kalten Bonito-Suppe).

39 **RAMEN JIRO**
2-16-4 Mita
Minato-ku ⑥

Ramen Jiro ist ein Kultrestaurant für Ramen-Fans. Lernen Sie vorab ein paar japanische Wörter, damit Sie ihre Bestellung abwandeln können, wie zum Beispiel *nin-niku* (Knoblauch), *yasai* (Gemüse) und *karame* (dickere Suppe), *abura* (Öl) und *sono mama* (ohne Beilage). Die Portionen sind riesig, weswegen Sie ruhig kleinere Gerichte bestellen können.

40 **SHIJIMI RAMEN**
3-15-25 Roppongi
Minato-ku ⑥
+81 (0)3-6804-2081

Mit seiner schwarzen Einrichtung sieht dieses Lokal so gar nicht nach einem Ramen-Restaurant aus. Die Suppe wurde mit *shijimi* (Süßwassermuscheln) zubereitet und soll nach einer durchzechten Nacht einem Kater vorbeugen. Auf jeden Fall sollte man seine Suppe komplett auslöffeln, denn das fördert die Gesundheit.

Die 5 besten Orte für
ONIGIRI
(Reisbällchen)

41 **NEKASE GENMAI IROHA**
Wacca Ikebukuro
1-8-1 Higashi-Ikebukuro
Toshima-ku ⑪
+81 (0)70-6469-4168
omusubi-iroha.com

Nekase genmai sind braune Reissprossen, die, genau wie normaler brauner Reis, sehr nahrhaft sind, jedoch weicher und daher leichter zu kauen. Dieses Lokal kombiniert sie mit einer Vielzahl von Zutaten, von eingelegten Pflaumen und Lachs bis zu Frischkäse mit *menaiko* (scharfer Kabeljaurogen) und Schweinefleisch *kakuni* (geschmort).

42 **ONIGIRI NO KOBAYASHI**
1-5 Kanda-Jinbocho
Chiyoda-ku ⑨
+81 (0)3-3291-9293

Viele Japaner fühlen sich bei dem hier verkauften *onigiri* an ihre Kindheit zurückerinnert. Das freundliche Lokal besuchen viele Arbeiter aus der Umgebung, denn man kann die Speisen im Haus essen oder die Gerichte auch mitnehmen.

43 **ONIGIRI BONGO**
2-26-3 Kita-Otsuka
Toshima-ku ⑪
+81 (0)3-3910-5617
onigiribongo.info

Hier sitzt man wie bei einem Sushi-Restaurant an der Theke und bestellt, was man mag. Das Gewünschte wird frisch zubereitet, sodass die *onigiri* immer noch warm sind, wenn sie an den Tisch kommen. Wählen Sie dazu aus mehr als 50 Beilagen aus. Für 50 Yen extra gibt es zwei Beilagen auf einem Stück *onigiri*.

44 ONIGIRI ASAKUSA YADOROKU

3-9-10 Asakusa
Taito-ku ⑩
+81 (0)3-3874-1615
onigiriyadoroku.com

Dies ist das älteste *onigiri*-Restaurant in Tokio. Reis und Zutaten werden im ganzen Land eingekauft. Genießen Sie Ihre *onigiri* drinnen mit einer Schale köstlicher Miso-Suppe oder nehmen Sie das Gericht einfach mit. Da man die *onigiri* pro Stück bezahlt, sind sie auch ein idealer Snack für unterwegs. Schlicht, aber so gut.

45 ONIGIRIYA MARUTOYO

4-9-9 Tsukiji
Chuo-ku ⑧
+81 (0)3-3541-6010

Ein viel gerühmtes Lokal im Tsukiji-Fischmarkt. Die Auswahl ist riesig – von traditionellen *onigiri* wie Lachs und eingelegten Pflaumen bis zu eher ungewöhnlichen Kombinationen wie *ebi-furai* (frittierte Garnelen). Probieren Sie auch das Gericht *oyako* (das heißt »Eltern und Kind«, also in diesem Fall Lachs und Lachsrogen).

44 ONIGIRI ASAKUSA YADOROKU

5 leckere

GYOZA-RESTAURANTS

46 **GYOZA NO FUKUHO**
2-8-6 Shinjuku
Shinjuku-ku ⑦
+81 (0)3-5367-1582
fukuho.net

Hier bildet sich eigentlich immer eine Warteschlange vor der Tür. Es gibt zwei Arten von *gyoza* zur Auswahl, *yaki gyoza* (gegrillt) und *sui gyoza* (gekocht). Beide haben jede Menge Gemüseanteil, was sie sehr gesund macht. Die erste Variante ist knusprig, die zweite hat eher eine *mochi*-Textur – weich und nachgiebig.

47 **HARAJUKU GYOZARO**
6-2-4 Jingumae
Shibuya-ku ③
+81 (0)3-3406-4743

Trotz der guten Lage ist dieses Restaurant nicht besonders teuer – wahrscheinlich mit ein Grund, warum es hier immer so voll ist. Es sind zwei Arten von *gyoza* im Angebot: *yaki gyoza* und *sui gyoza*, mit oder ohne *nin-niku* (Knoblauch) und *nira* (chinesischer Schnittlauch). Probieren Sie die knusprig gegrillten *gyoza*, die viel schmackhaften Fleischsaft enthalten.

48 **FUJIIYA**
2-21-11 Misakicho
Chiyoda-ku ⑨
+81 (0)3-3239-8295

Neben traditionellen *gyoza* (die man hier *»ganso gyoza«* nennt) gibt es auch *ebi nira* (Garnelen und chinesischer Schnittlauch) *gyoza*, *pari pari* (knusprige) *gyoza*, *shiso* (japanisches Basilikum) *gyoza* und vieles mehr. Am einfachsten ist es, wenn man sich *zenpin moriawase* bestellt – eine Platte mit vier verschiedenen gegrillten *gyoza*.

49 **KAMEIDO GYOZA HONTEN**
5-3-4 Kameido
Koto-ku ⑮
+81 (0)3-3681-8854

Hier kommt keine Verwirrung auf, denn das Menü besteht ausschließlich aus *gyoza*. Sobald man ein Getränk bestellt, wird das frisch gegrillte *gyoza* an den Tisch gebracht. Pro Teller gibt es fünf Stück, und man muss mindestens zehn essen. Aber keine Sorge: Die *gyoza* machen nicht sofort satt. Selbst nach dem zweiten Teller kann man locker noch eine weitere Portion ordern.

50 **GINZA TENRYU**
PUZZLE GINZA, 4. STOCK
2-15-19 Ginza
Chuo-ku ⑧
+81 (0)3-3561-3543
ginza-tenryu.com

Die *gyoza* werden hier schon seit den Vierzigerjahren nach dem hauseigenen Rezept gefertigt und sind riesengroß. Über einen etwaigen Knoblauchatem muss man sich hier keine Sorgen machen, denn die Gerichte werden nicht gewürzt. Neben *gyoza* kann man auch traditionelle chinesische Speisen aus Peking bestellen.

Die 5 besten Orte für ein JAPANISCHES CURRY

51 **RICE CURRY MANTEN**
1-54 Kanda-Jinbocho
Chiyoda-ku ⑨
+81 (0)3-3291-3274

Es gibt mehr als 30 Curry-Lokale in Jinbocho. Manten zählt zu den günstigeren in der Gegend. *Katsu* (frittiertes Schweinekotelett) und *korokke* (Krokette) sind die zwei beliebtesten Beilagen. Wer besonders hungrig ist, kann sich ein *zenbu-nose* bestellen (ein »Curry mit allem«).

52 **KYOEIDO**
1-6 Kanda-Jinbocho
Chiyoda-ku ⑨
+81 (0)3-3291-1475
kyoueidoo.com

Dieses Restaurant wurde 1924 eröffnet. Das Rezept für Curry nach Sumatra-Art wurde vom Chefkoch nach Japan eingeführt und etwas verfeinert. Von Oktober bis April gibt es hier gebackene Äpfel mit einem Klecks frischer Sahne. Wer früh kommt, gewinnt, denn pro Tag werden nur um die 25 bis 30 Portionen ausgegeben.

53 **GRILL SWISS**
3-5-16 Ginza
Chuo-ku ⑧
+81 (0)3-3563-3206
ginza-swiss.com/bar-and-grill/

Grill Swiss war das erste Restaurant, auf dem *katsu*-Curry auf der Karte stand. Die Curry-Soße, die perfekt zum Kotelett passt, wird aus diversen Obst- und Gemüsesorten wie Zwiebeln, Karotten und Äpfeln zubereitet. Bestellen Sie zum Mitnehmen zum Beispiel ein *hire-katsu* Curry-Sandwich (frittiertes Schweinekotelett mit Curryreis).

54 **MATSUMOTORO**
1-2 Hibiya Koen
Chiyoda-ku ⑧
+81 (0)3-3503-1451
matsumotoro.co.jp

Als der Hibiya-Park, der erste im westlichen Stil angelegte Park in Japan, 1903 eingeweiht wurde, öffnete auch dieses Restaurant seine Pforten. Die Eleganz des Hauses hat seit jeher viele Künstler und Schriftsteller angezogen, darunter Soseki Natsume, der hier gern Curry-Reis und Kaffee bestellte. Genießen Sie zum Curry den herrlichen Ausblick!

55 **KITCHEN NANKAI**
1-5 Kanda-Jinbocho
Chiyoda-ku ⑨
+81 (0)3-3292-0036

Noch ein Restaurant in Jinbocho. Das beliebteste Gericht ist *katsu-Curry*: Das nur leicht angebratene Kotelett kommt in einem eher dunklen Curry. Mittags bildet sich hier immer eine Schlange mit *sarari man* (Büroangestellten), die nach einem Energieschub für den Nachmittag lechzen.

55 **KITCHEN NANKAI**

5 *Restaurants, die ein Muss für* **FLEISCHESSER** *sind*

56 **TORI CHATARO**
7-12 Uguisudanicho
Shibuya-ku ①
+81 (0)3-6416-0364

Da dieses Yakitori-Restaurant weit von Shibuya entfernt liegt, ist es ein echter Geheimtipp. Die meisten Yakitori-Lokale können ganz schön laut sein, aber dieses ist ein bisschen raffinierter. Beim Genuss leckerer Hähnchengerichte lauschen Sie Hits aus dem vergangenen Jahrhundert.

57 **REBAYA**
KR BUILDING, 1. STOCK
1-22-12 Yotsuya
Shinjuku-ku ⑤
+81 (0)3-6380-4988

Es gibt eine ganze Reihe von guten *izakaya* in der Straße Shinmichi-dori in Yotsuya. In diesem Yakitori-Restaurant gibt es ein paar Besonderheiten, darunter *chochin* (Ei), *saezuri* (Hals) und *shiro reba* (weiße Leber). Die Anzahl der Sitzplätze ist begrenzt, deshalb am besten schon früh kommen.

58 **HAGAKURE**
2-8-11 Shibuya
Shibuya-ku ①
+81 (0)3-6416-0364

Dieses Lokal befindet sich im oberen Stock eines älteren Gebäudes zwischen Shibuya und Omotesandō. Hier steht *yukiton* auf der Karte (gegrilltes Schweinefleisch). Keine Sorge, wenn Sie nicht wissen, was Sie bestellen sollen – sagen Sie einfach *omakase* (»Suchen Sie für mich aus«). Nicht zu viel trinken, sonst fallen Sie beim Hinausgehen aus Versehen die Treppe hinunter!

59 **SANBYAKUYA**
12-4 Shinsencho
Shibuya-ku ①
+81 (0)3-3477-1129
sanbyakuya.com

Shinsen befindet sich nur wenige Laufminuten von Shibuya entfernt und ist eines der neuen, angesagten Stadtviertel, wo sich viele ausgezeichnete Restaurants angesiedelt haben. Im Sanbyakuya beginnt die kulinarische Reise mit fein gehäckseltem Kohl, den man zwischen den Fleischgängen verdrückt.

60 **SHINJUKU HORUMON**
3-12-3 Shinjuku
Shinjuku-ku ⑦
+81 (0)3-3353-4129
ishii-world.jp/shinjuku-horumon

Horumon-yaki, gegrillte Rinder- und Schweineinnereien, sind eine tolle Möglichkeit, Mineralien und Collagen zu sich zu nehmen, und die Japaner sind ganz verrückt danach. Im Angebot sind auch weitere Fleischprodukte, wie zum Beispiel Kutteln und Kronfleisch. Mit der Retro-Inneneinrichtung fühlt man sich wie auf einer Reise zurück in die Shōwa-Zeit.

60 SHINJUKU HORUMON

Die 5 besten Shops für
SHAVED ICE

61 **TORAYA**
4-9-22 Akasaka
Minato-ku ⑤
+81 (0)3-3408-4121
toraya-group.co.jp

Toraya ist eines der ältesten Süßwarengeschäfte in Japan. Man munkelt, es habe seine Türen zum ersten Mal im 16. Jahrhundert geöffnet. Shaved Ice wird hier ab Ende Frühling bis in den September hinein verkauft. Die originalen Ingwersirupe können Wunder bewirken, indem sie müden Knochen wieder neue Energie spenden.

62 **SANTOKUDO**
7-8-19 Ginza
Chuo-ku ⑧
+81 (0)3-3289-3131
santokudo.jp

Dieses Spezialitätengeschäft für schwarzen Tee serviert im Sommer Shaved Ice nach Taiwan-Art. Versuchen sollte man auf jeden Fall die Version mit Apfelmango, wobei das gesamte Eis mit Mango eingedeckt wird, und pro Portion wird tatsächlich eine ganze Mango aufgeschnitten!

63 **NANIWAYA**
2-12-4 Asakusa
Taito-ku ⑩
+81 (0)3-3842-0988
a-naniwaya.com

Der Laden ist eigentlich ein Imbiss für *taiyako* (Kuchen in Fischform), aber im Sommer ist auch Shaved Ice erhältlich. *Asayake* (»Morgenröte«) kommt mit Beilagen aus roter Bohnenpaste, Milch und Erdbeersoße – eine überaus leckere Komposition. Die selbst gemachten Sirupe aus Früchten der Saison sind ebenfalls empfehlenswert.

64 **CHIMOTO**
1-4-6 Yakumo
Meguro-ku ⑬⑭
+81 (0)3-3718-4643

Im Sommer sehen Sie hier oft kurz vor Öffnung eine Warteschlange, wenn die Einheimischen sich für eine Portion des berühmten Shaved Ice anstellen. Wenn Sie endlich einen Platz ergattert haben, bestellen Sie einfach ein *omakase*, was wörtlich »Entscheiden Sie für mich« bedeutet. *Kakigori* ähnelt einem kleinen Berg aus Eis, über den *matcha*-Sirup gegossen wird, nicht unähnlich einer Granita.

65 **RYAN**
7 Arakicho
Shinjuku-ku ⑦
twitter.com/arakicho_kori

Eine Bar abseits der Straße, die im Sommer und Herbst nur Shaved Ice serviert. Ihre Sirupe, die aus saisonalen Früchten zubereitet werden, sind eine fantastische Zugabe zu den luftigen, weichen Eisflocken. Bestellen Sie am besten *aigake* (halb und halb), so können Sie gleich zwei der Sirupvariationen probieren. Auf Twitter finden Sie weitere Informationen.

64 CHIMOTO

5 verführerische
EISDIELEN

66 **PARIYA**
TOKYU FOODSHOW
2-24-1 Shibuya
Shibuya-ku ①
+81 (0)3-3477-4828
pariya.jp

Ein Eisladen im Tokyu Foodshow, direkt im Keller von Tokyo Department Store und Mark City. Hier findet man eine Auswahl an typisch japanischen Geschmacksnoten, wie zum Beispiel *matcha*, *murasaki-imo* (violette Süßkartoffel), *kabocha*-Kürbis und *hōjicha* (gerösteter grüner Tee). Im Geschäft sind außerdem diverse Spezialitäten für Ihre *bento*-Box (vorgepackte Lunchpakete) erhältlich.

67 **SILKREAM**
HAIMANTEN JINNAN
BUILDING, 1. STOCK
1-19-3 Jinnan
Shibuya-ku ①
+81 (0)3-3464-4900
nissei-com.co.jp/silkream

Sofuto crimu, also Softeis, ist in Japan sehr beliebt. Es wird für gewöhnlich in einer weichen Waffel serviert, aber hier kommt es in einer Waffel aus dünnem Biskuitteig. Die Eiscreme ist äußerst cremig – mit einem Fettanteil von 12,5 % – und wird mit Milch von der Insel Hokkaidō hergestellt, die für ihre hervorragenden Milcherzeugnisse bekannt ist.

68 **HANDELS VÄGEN**
TOKYU PLAZA GINZA
5-2-1 Ginza
Chuo-ku ⑧
+81 (0)3-3575-5300
handelsvagen.com

Das Konzept dieses Geschäfts lautet »Kyoto Premium«. Die Produkte werden von einem Chefkoch zusammengestellt, der in einem japanischen Restaurant in Kyoto ausgebildet wurde. Die Idee dahinter: aus saisonalen Früchten, Gemüse und Nüssen eine leckere dicke Eiscreme ohne die Zugabe von Geschmacksverstärkern oder sonstigen Zusätzen zu kreieren.

69 **PALETAS**
Tokyo Midtown Galleria
9-7-3 Akasaka
Minato-ku ⑥
+81 (0)3-6447-4445
paletas.jp

Entdecken Sie eine Welt der Versuchung: Eis-Lutscher aus Fruchtsaft, diverse Gelato-Variationen und Joghurt mit frischen Früchten und Gemüse. Zur Auswahl stehen rund 20 verschiedene Sorten, und einige davon sind typisch japanisch, wie zum Beispiel *kuri matcha* (Kastanie und grüner Tee) und *kaki hōjicha* (*kaki*-Persimone und gerösteter grüner Tee).

70 **MITSUBACHI**
3-38-10 Yushima
Bunkyo-ku ⑩
+81 (0)3-3831-3083
mitsubachi-co.com

Dieser 100 Jahre alte Laden in Yushima serviert eine japanische Art von Eiscreme namens *ogura aisu*, die aus roter Bohnenpaste hergestellt wird. Wenn Sie es abenteuerlicher lieben, bestellen Sie *ogura aisu* wie die Einheimischen – zum Beispiel *ogura anmitsu* (Agar-Gelee mit Eiscreme und Sirup) oder *ogura shiratama* (*mochi*-Kugeln mit Eiscreme).

Die 5 besten
BÄCKEREIEN

71 **VIRON**
33-8 Udagawa-cho
Shibuya-ku ①
+81 (0)3-5458-1776

Das Baguette, hergestellt aus importiertem Mehl aus Frankreich, sucht in Japan seinesgleichen. Über der Backstube befindet sich ein Café, das um 9 Uhr morgens öffnet. Da sich Viron in der Nähe des wichtigsten Tokyu Department Stores befindet, ist es die perfekte Wahl für ein gemütliches Frühstück vor dem Einkaufsbummel.

72 **365 NICHI**
1-16-12 Tomigaya
Shibuya-ku ⑫
+81 (0)3 6804-7357

Hier legt man besonders viel Wert darauf, dass das Brot ohne Zusätze gebacken wird, und zwar aus Mehl, das ausschließlich aus Japan stammt. Wie der Name schon sagt (»365 Tage«), wird hier jeden Tag frisches Brot zubereitet. Im angrenzenden Café kann man das Brot direkt aus dem Ofen mit einer guten Tasse Kaffee genießen.

73 **BREAD, ESPRESSO &**
3-4-9 Jingumae
Shibuya-ku ③
+81 (0)3-5410-2040
bread-espresso.jp

Der Besitzer wollte eine Bar im italienischen Stil schaffen, in die die Leute jeden Tag gern einkehren. Geöffnet wird bereits um 8 Uhr morgens, und spätestens mittags ist der Laden rappelvoll. Unbeschreiblich gut ist das *pain perdu*, ein superweiches französisches Brot.

74 **SORA TO MUGI TO**
2-10-7 Ebisu-Nishi
Shibuya-ku ②
+81 (0)3-6427-0158
soratomugito.com

Das Mehl, mit dem diese Bäckerei backt, kommt von dem eigens dafür angebauten Bio-Weizen aus der Region Yamanashi. Auch die anderen Zutaten für das leckere Brot werden sorgfältig ausgewählt. Probieren Sie das *kuromame pan*, das Lieblingsbrot der Einheimischen, aus gesüßten schwarzen Bohnen und Kürbis.

75 **SHIGEKUNIYA 55 BAKERY**
3-22-9 Koenji-Kita
Suginami-ku ⑫
+81 (0)3-5356-7617

Diese Bäckerei öffnete ursprünglich in Kichijōji, wurde zu einer beliebten Institution auf dem UNU-Markt und zog dann 2014 an die heutige Stelle. Die Herstellung von Brot wird sehr ernst genommen, wie man schon an der Auslage erkennen kann. Für ein ganz besonderes Erlebnis gönnen Sie sich einen der süß-herzhaften Bagels.

75 SHIGEKUNIYA 55 BAKERY

5 JAPANISCHE SNACKS
zum Probieren

76 **KREPU**

Inspiriert vom französischen Crêpe, wurde das japanische *krepu* in den Siebzigern in Harajuku kreiert und gilt heute als eine typische Leckerei aus der Region. *Krepu* ist ein in vier Teile gefalteter Pfannkuchen mit einem Klecks Schlagsahne und Obst, manchmal auch mit Schokosoße.

77 **YAKIIMO**

Im Steinofen gebackene Süßkartoffeln. Ab Ende Herbst sehen Sie überall auf den Straßen Verkaufsstände, die diese Spezialität anbieten. Viele Einheimische können da kaum widerstehen, besonders, wenn das Wetter kalt ist. Die Köche bieten oft ein kleines Stück zum Kosten an, warum also nicht einfach mal probieren?

78 **IMAGAWA-YAKI**

Dieser kleine, dicke Pfannkuchen gefüllt mit *an* (rote Bohnenpaste) wird manchmal, je nach Region auch *kaiten yaki* oder *oban-yaki* genannt. Heutzutage gibt es eine große Auswahl an Füllungen, darunter Vanillecreme, Schokocreme, Käsecreme, und so weiter. Die Pfannkuchen sollte man am besten heiß verzehren.

79 **TAI-YAKI**

Dem *imagawa-yaki* geschmacklich nicht unähnlich, jedoch wird das *tai-yaki* in einer Fischform gebacken, ist etwas knuspriger als das *imagawa-yaki* und beinhaltet mehr Bohnenpaste. In einigen Geschäften erhält man *hane tsuki tai-yaki*, das eine knusprige Kruste hat.

80 **TAKO-YAKI**

Tako (Oktopus) und *yaki* (Grill): Oktopus in einem Teig, der aus Mehl, Eiern und Milch zubereitet wird, dazu eingelegter Ingwer und Frühlingszwiebeln. Normalerweise erhält man sechs oder acht Bällchen pro Portion, garniert mit Mayonnaise und *ao nori* (Seegras). Nicht die Zunge verbrennen!

79 TAI-YAKI

80 TAKO-YAKI

5 Lokale für EIERGERICHTE

81 **KISABURO NOJO**
1-23-11 Sengoku
Bunkyo-ku ⑩
+81 (0)3-3943-3746
kisaburou-sengoku.com

Die Japaner lieben *tamago kake gohan* (gekochter Reis mit einem rohen Ei obendrauf). Hier werden nur die frischesten Eier von ausgewählten Erzeugern verwendet. Genießen Sie das Gericht am besten mit einem Schuss Sojasoße, und Sie werden schnell verstehen, warum die Japaner immer wieder gern hierher kommen.

82 **KISSA YOU**
4-13-17 Ginza
Chuo-ku ⑧
+81 (0)3-6226-0482
kissa-you.com

Ein hübsches altes *kissaten* (Café) in der Nähe des Kabukiza-Theaters, das für seine *omuraisu* berühmt ist. Das Wort bedeutet »Omelette« mit »Reis« bzw. parfümierter Reis, der in ein Omelette eingewickelt wird oder der auf einem Omelette serviert wird.

83 **KYO NO CHISO HANNARIYA**
UNO BUILDING, 2. STOCK
1-11-15 Nihonbashi
Muromachi
Chuo-ku ⑧
+81 (0)3-3245-1233
hannariya.jp

Das japanische Omelette aus Tokio wird mit Zucker zubereitet, aber das Äquivalent aus der alten Kaiserstadt Kioto nennt sich *dashimaki* und wird ohne Zucker zubereitet. Dieses Restaurant serviert Gerichte aus Kioto, und die meisten Gerichte von der Mittagskarte werden mit einem Stück *dashimaki* serviert, das eine leichte und luftige Konsistenz hat.

84 **YAKITORI MOE**
3-8-12 Roppongi
Minato-ku ⑥
+81 (0)3-5414-1141

Viele Japaner essen am Ende ihrer Mahlzeit in einem *izakaya* ein Reisgericht. In diesem Yakitori-Restaurant bestellen die Kunden für gewöhnlich *oyako-don* (wörtlich »Eltern-und-Kind-Schale«, denn es enthält Hühnchen und Ei). Ihre *oyabo-don* sowie die Hühnerbrühe sind so gut, dass man hier locker jeden Tag essen könnte.

85 **CENTRE THE BAKERY**
1-2-1 Ginza
Chuo-ku ⑧
+81 (0)3-3562-1016

Diese Bäckerei hat sich auf das *pain de mie* (eine Art Kastenbrot) spezialisiert, aber man serviert auch Sandwiches, die aus diesem Brot gemacht werden – man verwendet dabei je nach Füllung verschiedene Sorten. Ihr *omuretsu sando* (Eier-Omelette-Sandwich) ist ein Sandwich mit punktgenau durchgebackenem Omelette, das beinahe auf der Zunge zergeht.

85 CENTRE THE BAKERY

Die 5 besten Adressen für **OKONOMIYAKI** *und* **MONJAYAKI**

86 **HASSHO**
1-21-18 Kyodo
Setagaya-ku ⑬
+81 (0)3-3428-8437
hassho.jp

Das bekannteste Restaurant in Tokio, das *okonomiyaki* nach Hiroshima-Art anbietet. Der Chefkoch wurde in einem Restaurant in Hiroshima gleichen Namens ausgebildet und hat daraufhin grünes Licht erhalten, ein Restaurant in Tokio zu eröffnen. Wählen Sie am besten einen Platz an der Theke aus, wo Sie sich von der fantastischen *okonomiyaki*-Technik des Kochs verzaubern lassen können.

87 **MOMIJIYA**
4-2-6 Iidabashi
Chiyoda-ku ⑨
+81 (0)3 6272-9320
momiji-ya.info

Ein weiteres *okonomiyaki*-Restaurant nach Hiroshima-Art. Dieses Lokal ist so beliebt, dass sich fast immer eine Warteschlange vor der Eingangstür bildet. Hier erhält man *teppanyaki* und *yakisoba* (dünne gebratene Nudeln) oder *yakiudon* (dicke gebratene Nudeln) sowie *okonomiyaki*.

88 **HYOTAN**
1-37-4 Asakusa
Taito-ku ⑩
+81 (0)3-3841-0589

Monjayaki, die Seelennahrung der Arbeiter in der *shitamachi* (Innenstadt), wird mit einem etwas flüssigeren Teig als beim *okonomiyaki* hergestellt. In *monjayaki*-Restaurants gibt es in die Tische eingelassene heiße Platten, wo man seine Mahlzeit selbst zubereitet. Wenn Sie nicht genau wissen, wie das geht, fragen Sie einfach das stets sehr hilfsbereite Personal.

89 **KAZAGURUMA JOSHUYA**
3-16-4 Tsukishima
Chuo-ku ⑮
+81 (0)3-3534-5148

Auch wenn allgemein behauptet wird, dass *monjayaki* ursprünglich aus Asakusa kommt, hat auch Tsukishima eine gewisse Berühmtheit in diesem Bereich erlangt. Das Kazaguruma ist eines der beliebtesten Lokale in der Gegend und blickt auf über 40 Jahre Geschichte zurück. Wenn Sie noch nie ein *monjayaki* probiert haben, dann starten Sie am besten mit dem *mentai mochi* (scharfer Kabeljaurogen und Reiskuchen). Sie werden es nicht bereuen!

90 **SUZUME NO OYADO**
9-3 Maruyamacho
Shibuya-ku ①
+81 (0)3-5458-2760
suzume-no-oyado.com

In der Edo-Periode war dieses Viertel ein wichtige Poststation und entwickelte sich dann in der Meiji-Periode zum Unterhaltungs- und Rotlichtviertel. Auch heute noch findet man hier viele »Love Hotels«, aber dieses Restaurant war früher einmal ein Geisha-Haus. Das bekannteste Gericht ist Camembert Monja, also ein ganzer Camembertkäse im *monja* (Teigmantel).

90. SUZUME NO OYADO

Die 5 besten Orte für
ASIATISCHE GERICHTE

91 **ZUIEN BEKKAN**
2-7-4 Shinjuku
Shinjuku-ku ⑦
+81 (0)3-3351-3511
zuienbekkan.co.jp

Ein traditionelles China-Restaurant in der Shinjjuku-Straße. *Bekkan* bedeutet auf Japanisch »Anbau«, aber es gibt kein Hauptgebäude. Probieren Sie hier unbedingt die *sui gyoza* – die bissfeste Textur ist einfach zu gut. Das *xiaolongbao* (gedämpfte Teigtaschen) ist ebenfalls sehr empfehlenswert.

92 **FANSO**
2-12-10 Azabu Juban
Minato-ku ⑥
+81 (0)3-3456-6260
azabujubanfanso.web.fc2.com

Viele koreanische Restaurants in Tokio befinden sich wegen der benachbarten koreanischen Botschaft im Stadtteil Azabu-Jūban. Das Fanso gilt dabei als eine der besten Adressen für Hausmacherküche. Versuchen Sie das *gamjatang* (scharfer Eintopf aus Schweineknochen) und *dak-galbi* (scharfes gebratenes Hähnchen).

93 **ANGKOR WAT**
1-38-13 Yoyogi
Shibuya-ku ⑦
+81 (0)3-3370-3019

Ein kambodschanisches Restaurant, das 1982 seine Pforten geöffnet hat. Sein beliebtestes Gericht ist gebratenes Krebsfleisch mit Vermicelli-Nudeln. Das *kway toew*, serviert in einer klaren Brühe aus Hühnerknochen, ist ebenfalls sehr lecker. Das beste Gericht auf der Speisekarte ist aber höchstwahrscheinlich der Kürbiskuchen aus echter Kürbisschale, der mit Kokosnusseis verfeinert wird.

94 **AYUNG TERAS**
20-12 Sakuragaokacho
Shibuya-ku ①
+81 (0)3-5458-9099
ayungteras.com

In diesem authentischen indonesischen Restaurant kann es einem leicht passieren, dass man denkt, man sei auf Bali. Hier wird sogar von Jenggala-Tellern gegessen. Die meisten Gäste bestellen *gado gado* (gekochtes Gemüse mit Erdnusssoße) und gemischtes Satay. Die frittierten Bananen *pisang goreng* sind absolut einzigartig.

95 **THAILAND**
3-12-10 Kinshi
Sumida-ku ⑮
+81 (0)3-3626-3885

Der Südausgang des Kinshicho-Bahnhofs ist auch bekannt als »Klein-Thailand«, und dieses Restaurant ist das älteste im Viertel. Hier werden alle Zutaten direkt aus Thailand importiert, damit die Gerichte so authentisch wie möglich sind. Das *Thai suki* ist sehr beliebt, und selbst Gäste, die normalerweise nicht zu scharfen Speisen greifen, sind von diesem Gericht begeistert.

5 gute Restaurants für

LATEINAMERIKANISCHE KÜCHE

96 **FONDA DE LA MADRUGADA**
2-33-12 Jingumae
Shibuya-ku ③
+81 (0)3-5410-6288
fonda-m.com

Als dieses Restaurant 1993 eröffnete, wurde schnell klar, dass man hier bis in die frühen Morgenstunden jede Menge Spaß haben kann. Hier bekommen Sie authentische mexikanische Gerichte, wobei im Hintergrund *mariachi*-Musik erklingt. Beim Gang die Treppe hinunter in den Keller könnte man beinahe vergessen, dass man sich mitten im Herzen von Tokio befindet.

97 **GOSTOSO**
5-11-25 Roppongi
Minato-ku ⑥
+81 (0)3-6434-0243
gostoso.jp

Dieses brasilianische Lokal ist berühmt für sein köstliches gegrilltes *churrasco*. Im Frühjahr und Sommer können die Gäste draußen auf der Terrasse speisen, und am Wochenende wird zusätzlich ein Mittagessen angeboten. Wie der Name schon andeutet, sind die Gerichte hier *gostoso*, also recht köstlich!

98 **TIA SUSANA**
8-11 Shinanomachi
Shinjuku-ku ⑦
+81 (0)3-3226-8511

Dieses Restaurant wurde erst so richtig berühmt, als es eine Rolle in einer beliebten Manga-Serie spielte. Auch wenn es sich um ein peruanisches Restaurant handelt, fühlt es sich doch eher an wie eine Sportsbar – mit Fußball im Mittelpunkt, um genau zu sein. Wenn Sie nach einem Lokal mit toller Atmosphäre suchen, wo alle Gäste Fußball genau so sehr lieben wie Sie, dann ist das Tia Susana genau die richtige Wahl.

99 **BÉPOCAH**
2-17-6 Jingumae
Shibuya-ku ③
+81 (0)3-6804-1377
bepocah.com

Bis vor wenigen Jahren war die peruanische Küche in Japan noch völlig unbekannt. Mit der steigenden Nachfrage nach Urlaubsreisen ins Ausland und dem aufkeimenden Interesse an internationaler Küche haben sich nun in Harajuku eine ganze Reihe von Restaurants angesiedelt, wobei aber das Bépocah wohl das eleganteste ist. Der Chefkoch, der ursprünglich aus Peru stammt, verwendet für seine vorzügliche Fusion-Küche sowohl peruanische als auch japanische Zutaten. Nicht vergessen, zum Essen gehört auch eine Runde Pisco!

100 **BARBACOA**
4-3-2 Jingumae
Shibuya-ku ③
+81 (0)3-3796-0571
barbacoa.jp

Wenn Sie Fleisch lieben, dann wird Ihnen dieses brasilianische Restaurant wie der Himmel vorkommen. An der Salatbar finden Sie eine große Auswahl an Köstlichkeiten, die alle einen Versuch lohnen. In ganz Tokio finden sich Filialen dieser Kette, darunter auch in Shibuya und in Roppongi.

5 Orte, wo man ein **500-YEN-ESSEN** *bekommt*

101 **KINTARO**
5-18-16 Shinjuku
Shinjuku-ku ⑦
+81 (0)3-5155-2917

Sie glauben, man kann in der Stadt für 500 Yen kein *sukiyaki* (dünne Scheiben Rindfleisch in Soße gekocht) bekommen? Dieses Restaurant beweist, dass es doch geht. Die *sukiyaki teishoku* (feste Menüs) kommen mit Miso-Suppe, Salat, Pickles und einer Schale Reis. Zur Mittagszeit ist dieses Lokal stets rappelvoll.

102 **CONA**
15-17 Sakuragaokacho
Shibuya-ku ①
+81 (0)3-5459-5703
cona-sakura.com

Eine Stehpizzeria, wo man dünnknusprige römische Pizzen für 500 Yen erhält. Mittags gibt es an Werktagen Pizza, Salat und ein Getränk zum selben Preis. Am Abend kommen auch Pastagerichte und andere Spezialitäten auf den Tisch. Nur wenige Minuten vom Bahnhof Shibuya entfernt.

103 **ICHIYOSHI**
1-4-1 Ebisu
Shibuya-ku ②
+81 (0)3-3444-0801

Ichiyoshi ist ein *izakaya* (Bar), das ein festes Mittagsmenü für 500 sowie für 800 Yen anbietet. Wenn Sie der große Hunger quält, dann bestellen Sie eines der »Ein-Münzen«-Menüs namens *mushidori no yakumi kake* (für nur 500 Yen), gedämpftes Huhn mit Relish-Soße und aromatischem Gemüse. Das hält den Magen lange beschäftigt.

104 **ALOHIDDIN**
1-4-8 Hatchobori
Chuo-ku ⑧
+81 (0)3-6228-3898
alohiddin.web.fc2.com

Der Besitzer dieses Lokals stammt aus Usbekistan und serviert zentralasiatische Gerichte, wie man sie nur selten in Tokio bekommt. *Kuru fasulye*, also Schmorfleisch mit weißen Kidneybohnen, kostet hier nur 500 Yen, und für die anderen Mittagsoptionen zahlt man weniger als 1000 Yen.

105 **DOGENZAKA ISARI**
1-6-5 Dogenzaka
Shibuya-ku ⓪
+81 (0)3-6809-0991

Das bekannteste Gericht, *Imari Don*, besteht aus einer Schale Reis mit Sashimi, zu der Miso-Suppe und Pickles gereicht werden. Das Sashimi ist in einer sojabasierten Soße mariniert, sodass es keiner weiteren Soße bedarf, aber natürlich kann man noch ein bisschen Flüssigkeit hinzugeben, wenn man es so wünscht. Die anderen Speisen auf der Karte sind ein wenig teurer, aber immer noch sehr preiswert.

105 DOGENZAKA ISARI

5 *Ausweichrestaurants, wenn man mal* **NICHT JAPANISCH** *essen will*

106 **PIGNON**
16-3 Kamiyamacho
Shibuya-ku ①
+81 (0)3-3468-2331

Ein herausragendes französisches Bistro in Oku-Shibu (übersetzt in etwa »Rückseite von Shibuya«). Wo fangen wir an? Der Salat mit gegrilltem Tintenfisch, Leberpastete, selbst gemachte Lammwurst … Auf der Speisekarte stehen so viele leckere Dinge, und auch die Nachspeisen können sich sehen lassen.

107 **HATAKE**
5-7-2 Minami-Aoyama
Minato-ku ③
+81 (0)3-3498-0730
hatake-aoyama.com

Das Wort *Hatake* bezeichnet einen Acker. Der Chefkoch dieses italienischen Restaurants baut sein eigenes Gemüse unter Anwendung natürlicher Methoden direkt vor Ort an. Probieren Sie zum Beispiel *bagna càuda* mit einer Auswahl selbst gezogener Gemüsesorten. Die Pastete mit Gemüse der Saison ist ebenfalls zu empfehlen.

108 TA-IM

1-29-16 Ebisu
Shibuya-ku ②
+81 (0)3-5424-2990
ta-imebisu.com

Dies ist eines der Handvoll von israelischen Restaurants in Tokio. Es befindet sich zwischen Ebisu und Hiroo. Hier werden weder Konservierungsstoffe noch Tiefkühlkost eingesetzt. Besonders Hummus und Falafel sind sehr beliebt bei den Gästen. Einige der Spezialitäten können auch zum Mitnehmen bestellt werden. Mittags gibt es Sandwiches aus Pitabrot.

109 HANNIBAL

1-19-2 Hyakunincho
Shinjuku-ku ⑦
+81 (0)3-6304-0930
hannibal.jp

Dieses 1999 eröffnete Lokal ist das erste tunesische Restaurant in Tokio. Es wird von einem tunesischen Chefkoch, der gleichzeitig der Besitzer ist, betrieben. Schon beim Plausch mit dem Chef knurrt einem der Magen. Das tunesische *gyoza* (wie die Einheimischen sagen), oder auch *brik* genannt, ist sehr lecker.

110 SUNGARI

CHIYODA BUILDING
B1, 2-45-6 Kabukicho
Shinjuku-ku ⑦
+81 (0)3-3209-4937
sungari.jp

Diese russische Gaststätte bietet eine authentische Küche im Moskauer Stil und ist seit mehr als 50 Jahren ein beliebter Anlaufpunkt in der Stadt. Hier erhält man eine große Auswahl an Gerichten und Wodkas. Eine weitere Filiale befindet sich in Shinjuku-sanchōme.

Die 5 besten VEGETARISCHEN *Restaurants*

111 **8ABLISH**
2. Stock, 5-10-17
Minami-Aoyama
Minato-ku ③
+81 (0)3-6805-0597
eightablish.com

Das Essen und die Getränke, die hier serviert werden, sind komplett vegan und weisen weder raffinierten Zucker noch Lebensmittelzusätze auf. Wenn Sie sich glutenfrei ernähren müssen oder einen sensiblen Magen haben, kann sich dieses Lokal als eine gute Alternative erweisen. Die Muffins und den Kaffee kann man auch zum Mitnehmen ordern.

112 **EAT MORE GREENS**
2-2-5 Azabu Juban
Minato-ku ⑥
+81 (0)3-3798-3191
eatmoregreens.jp

Diese Lokalität öffnete im Jahr 2007 in der Hoffnung, die Leute dazu zu motivieren, mehr Gemüse zu essen. Auch wenn es sich hierbei streng genommen um kein vegetarisches Restaurant handelt, so gibt es doch auf der Speisekarte jede Menge Auswahl für Vegetarier und Veganer. Auf der Getränkekarte stehen Smoothies, selbst gemachtes Ginger-Ale und Bio-Kaffee aus frisch gemahlenen Bohnen.

113 **BROWN RICE**
BY NEAL'S YARD REMEDIES
5-1-8 Jingumae
Shibuya-ku ③
+81 (0)3-5778-5416
nealsyard.co.jp

Ein vegetarisches Bio-Restaurant der britischen Kette Neal's Yard Remedies. Für das Mittagsmenü stehen immer eine Suppe und drei verschiedene Gerichte zur Auswahl, darunter auch Pickles. Zudem gibt es ein Gemüse-Bohnen-Curry. Die Desserts basieren alle auf Tofu und umfassen solch süße Verführungen wie Käsekuchen und Eiscreme.

114 **THREE AOYAMA REVIVE KITCHEN**
3-12-13 Kita-Aoyama
Minato-ku ③
+81 (0)3-6419-7513
aoyama.threecosmetics.com

Dies ist die Restaurantabteilung der Kosmetikkette Three, geöffnet von 8 Uhr morgens bis 22 Uhr. Das Frühstück steckt voller Energie, und es gibt auch jede Menge glutenfreie Optionen. Wenn Sie an die Vorteile einer gesunden und ausgewogenen Ernährung glauben, dann werden Sie sich bestimmt darüber freuen, dass es hier auch kalt gepresste Säfte gibt.

115 **NTARAJ**
SANWA-AOYAMA BUILDING
2-22-19 Minami-Aoyama
Minato-ku ④
+81 (0)3-5474-0510
nataraj2.sakura.ne.jp

Das erste vegetarische indische Restaurant in Japan. Der Koch stellt seine eigenen Gewürzmischungen her und verzichtet auf jegliche Zusatzstoffe. Außerdem gehören zum Haus drei Bauernhöfe, wo das Bio-Gemüse für die Gerichte gezogen wird. Einige der Spezialitäten eignen sich zudem für makrobiotische Esser.

5 erlesene Restaurants
MIT AUSBLICK

116 **TWO ROOMS GRILL / BAR**
AO BUILDING, 5. STOCK
3-11-7 Kita-Aoyama
Minato-ku ③
+81 (0)3-3498-0002
tworooms.jp

Dieses Restaurant befindet sich im fünften Stock eines bekannten Hochhauses in Omotesando. Von der Terrasse aus haben Sie den typischen Ausblick auf den Trubel in den Straßen Tokios – jede Menge Wolkenkratzer, und doch herrlich offen und frei. Dieses Lokal bietet jedoch nicht nur eine gute Aussicht, sondern serviert auch ein ausgezeichnetes Essen. Kleine Gäste unter 12 Jahren können ihr Gericht von der Kinderkarte wählen.

117 **HANA CHIBO**
EBISU GARDEN PLACE TOWER, 38. STOCK
4-20-3 Ebisu
Shibuya-ku ②
+81 (0)3-5424-1011
chibo.com

Das Hana Chibo gehört zu Osakas *okonomiyaki*-Kette. Hier muss man jedoch nicht sein eigenes *okonomiyaki* zubereiten, die Köche übernehmen das für Sie. Es gibt zwei Theken (und Tische), eine davon mit Blick nach draußen, die andere mit Blick auf das Spektakel in der Küche.

118 **MOCHIZUKI**
ASAHI GOUP HQ BUILDING, 21. STOCK
1-23-11 Azumabashi
Sumida-ku ⑮
+81 (0)3-5608-5002

Ein japanisches Restaurant im 21. Stock des Firmensitzes der Asahi Beer Company, das Ihnen vielleicht aufgrund des goldenen Objekts von Philip Stark bekannt sein dürfte. Vom Speisesaal hat man einen tollen Panoramablick auf den Tokyo Skytree und den Fluss Sumida.

119 **STELLER GARDEN**
THE PRINCE PARK TOWER TOKYO, 33. STOCK
4-8-1 Shibakoen
Minato-ku ⑥
+81 (0)3-5400-1154
princehotels.com

Die Bar-Lounge des Prince Park Tower Tokyo, ein Hotel in der Nähe des Tokyo Tower. Das beliebteste Gericht hier ist der Kobe Beefburger. Insgesamt aufgrund der Lage ein wenig teuer, aber wenn Sie einen romantischen Abend mit der Liebe Ihres Lebens verbringen möchten, dann ist dies sicherlich eine gute Wahl.

120 **VIEW AND DINING THE SKY**
HOTEL NEW OTANI, 17. STOCK
4-1 Kioicho
Chiyoda-ku ⑤
+81 (0)3-3238-0028
newotani.co.jp

Dieses Büfett-Restaurant dreht sich langsam einmal um die eigene Achse. Probieren Sie japanische, westliche und chinesische Spezialitäten, *teppanyaki* und Sushi sowie die Desserts. Das Sushi wird auf Bestellung zubereitet, und in der *teppanyaki*-Ecke wird ein erstklassiges japanisches Beefsteak serviert.

 APÉRO. WINEBAR & TABLE

55 ORTE FÜR EINEN GEPFLEGTEN DRINK

5 ALKOHOLISCHE DRINKS *aus Japan*

121 SAKE

Sake, auch bekannt als japanischer Reiswein, wird durch das Fermentieren von Reis gewonnen. Es gibt acht unterschiedliche Arten, je nachdem bis zu welchem Grad der Reis poliert wurde und wie hoch der Malzanteil ist bzw. ob Braualkohol hinzugefügt wurde oder nicht. *Junmai Daiginjo* hat die beste Qualität. Probieren Sie auch einmal den trüben *Nigori-zake*.

122 CHUHAI

Eine Abkürzung von »*shochu* Highball«. Meist eine Mischung aus *shochu*, Soda und Fruchtsaft und wegen seines Geschmacks auch oft *»sour«* genannt. In einigen *izakaya* (Bars) wird *chuhai* mit einer halben Zitrone oder Grapefruit auf einer Presse serviert.

123 UMESHU

Allgemein als Pflaumenwein bekannt. In Japan produzieren viele ihren eigenen *umeshu* zu Hause: Man lässt einfach grüne Pflaumen in einem destillierten alkoholischen Getränk, wie zum Beispiel *shochu*, Brandy oder weißem Likör, ziehen. Trinken Sie *umeshu* wie *shochu*, aber aber auch mit Bier zusammen ist er lecker.

124 **AWAMORI**

Dieses destillierte alkoholische Getränk wird aus Reis aus der Präfektur Okinawa hergestellt. *Awamori* verwendet Indica-Reis (Langkorn), *shochu* dagegen Japonica-Reis (Rundkorn). Auch die Form fällt unterschiedlich aus. Wie *shochu* kann man es *on the rocks* trinken oder mit heißem Wasser oder Soda verdünnt. Für einen klassischen *awamori* fügen Sie einen Schuss *shekwasha* (glatte Zitrone) hinzu.

125 **SHOCHU**

Ein destillierter Schnaps aus Weizen, Buchweizen, Reis oder Süßkartoffeln. *Kokuto shochu* (ungereinigter Zucker) wird auf Amami und Okinawa hergestellt, wo Zuckerrohr angebaut wird. Mit etwas Glück stoßen Sie vielleicht auch auf andere Arten von *shochu*, etwa mit Kastanie, Zuckermais, Milch und Kürbis.

5 UNVERZICHTBARE GETRÄNKE,

die man im Supermarkt erhält

126 I-LOHAS

Der Name wird »Irohasu« ausgesprochen und bezeichnet natürliches Wasser in PET-Flaschen. Neben stillem Wasser gibt es auch noch Wasser mit Fruchtgeschmack wie zum Beispiel *mikan* (Clementine) und Apfel sowie Sprudelwasser. Sie unterstützen »Lifestyles of Health and Sustainability« (in etwa: »Lebensentwürfe für Gesundheit und Nachhaltigkeit«, kurz LOHAS). Die Flaschen sind leicht zu zerdrücken, was hilft, den Müllberg zu reduzieren.

127 MITSUYA SAIDA

Dieses mit Kohlensäure versetzte Getränk wurde 1884 auf Basis von japanischem Mineralwasser entwickelt. Es verdankt seinen Geschmack frischen Früchten, die nur 24 Stunden zuvor geerntet worden sind. Diese Produkte beinhalten keine Konservierungsstoffe. Einige der Getränke gibt es auch in einer Light-Version.

128 **POCARI SWEAT**

Ein gesundes Getränk, das dem Körper hilft, schnell Wasser aufzunehmen. Das macht es zu einem perfekten Sportgetränk. Viele Japaner trinken es auch bei Fieber, und viele Ärzte raten sogar hierzu. Ebenfalls eine gute Empfehlung für eine Wanderung im Sommer oder nach dem Genuss von zu viel Alkohol.

129 **AYATAKA**

Eine Art japanischer grüner Tee, in PET-Flaschen abgefüllt und in Zusammenarbeit mit einem Teefachgeschäft in Uji entwickelt (wo auch *Uji-Cha* produziert wird), der seit mehr als 450 Jahren im Handel ist. Er schmeckt so gut, dass man den Unterschied zu einem in einer Teekanne gebrauten Tee kaum bemerkt - von mild bis vollwürzig, für jeden Geschmack ist etwas dabei. *Ayataka* ist auch als Heißgetränk erhältlich.

130 **CALPIS**

Ein Lactobacillus-Getränk, das die Japaner schon seit mehr als einhundert Jahren lieben. Ursprünglich ein Konzentrat, das man mit Wasser anrühren musste, liegt der Ursprung dieses Getränks in der Inneren Mongolei. Heute wird *Calpis* auch in PET-Flaschen vertrieben. Wählen Sie aus fruchtigem Geschmack, mit Kohlensäure versetzt, kalorienarm und vielen weiteren Sorten.

Die 5 besten Lokale für
SAKE

131 **FUKUBE**
1-4-5 Yaesu
Chuo-ku ⑧
+81 (0)3-3271-6065

Auch wenn dieser *izakaya* (Bar) schon seit mehr als 80 Jahren im Geschäft ist, hat sich das Sake-Angebot so gut wie gar nicht verändert. In Japan wird gern beim Trinken gegessen, deshalb sind die kleinen Snacks an der Bar mindestens genauso wichtig wie die Qualität der Drinks. Der Barbesitzer besucht täglich den Tsukiji-Markt, um den Fang des Tages einzukaufen.

132 **HASEGAWA**
1-18-12 Kameido
Koto-ku ⑮
+81 (0)3-5875-0404
www.hasegawasaketen.com

Die Betreiber dieses Getränkefachgeschäfts gelten als Feinschmecker der Sake-Branche und bieten die beste Auswahl in Tokio. Sake ist zudem auch als Schnäpschen an der Theke erhältlich, wozu Snacks gereicht werden. Wenn Sie sich durch verschiedene Marken durchprobieren möchten, ist dies genau der richtige Laden.

133 **KAWAGUCHI**
2-9-6 Nihonbashi
Chuo-ku ⑧
+81 (0)3-6225-2850

Eine Stehbar für Sake. Der Manager war früher ein Sushi-Chef, deshalb hat er eine ganz eigene Einstellung zu Fisch. Hier wird kein Zuchtfisch verwendet, und man legt Wert darauf, dass sich die Gerichte gut mit dem Sake kombinieren lassen.

134 **KURI**

TONY BUILDING, 2. STOCK
6-4-15 Ginza
Chuo-ku ⑧
+81 (0)3-3573-8033

Eine kleine Bar in Ginza, die zwischen 50 und 100 Arten von Sake sowie 20 verschiedene *shochu* im Angebot hat. Wenn Sie Ihre Lieblingsmarke nicht darunter finden, werden Sie auch an anderer Stelle vergeblich suchen. An geschäftigen Tagen wird das Telefon häufig ignoriert.

135 **UTOU**

3-31-10 Nishiogi-Kita
Suginami-ku
+81 (0)3-3399-1890

Die Gegend Nishi-Ogikubo, oft »Nishi Ogi« genannt, ist besonders bei Intellektuellen und Antiquitätenliebhabern sehr beliebt. Man sagt, im Utou wird der beste warme Sake ganz Japans aufgetischt, weshalb man hier immer jede Menge Sake-Fans antrifft. Das *oden*, das hier serviert wird, mit Ingwer und Miso-Paste verfeinert, ist ganz einfach einzigartig.

131 FUKUBE

5 BARS IN SHINJUKU GOLDEN-GAI,
die man besucht haben muss

136 **AKAHANA**
1-1-8 Kabukicho
Shinjuku-ku ⑦

Diese Bar serviert eine gute Auswahl an *awamori* (Okinawas *shochu*) und Spezialitäten aus Okinawa. Trinken Sie *awamore* mit Kurkuma-Tee verdünnt oder auch *sanpin-cha* (Jasmintee), der genauso wie in Okinawa zubereitet wird. Der Laden ist immer voll mit Stammgästen, die die Hausmacherküche zu schätzen wissen.

137 **ISHI NO HANA**
1-1-10 Kabukicho
Shinjuku-ku ⑦
+81 (0)3-3200-8458

Ein kleines russisches *izakaya*, das bereits 1973 eröffnet wurde. Der Besitzer holt auf Anfrage gern seine Gitarre hervor. Wenn Sie hier vorbeischauen, probieren Sie sich unbedingt bei den Wodkas durch – einige davon sind recht selten.

138 **BIG RIVER**
1-1-6 Kabukicho
Shinjuku-ku ⑦
+81 (0)3-3209-6418

Golden-Gai ist besonders beliebt bei Mitarbeitern der Verlagsbranche. Der Besitzer dieser Bar war selbst Redakteur, weshalb sich Redakteure, Manga-Künstler und Designer gern hier versammeln. Meist hüpft man in dieser Gegend von Bar zu Bar. Ins Big River geht man aber, wenn man sich hungrig fühlt. Das Rindfleisch-Reis-Curry ist eines der Lieblingsgerichte.

139 **BAR URAMEN**
1-1-7 Kabukicho
Shinjuku-ku ⑦
+81 (0)80-4369-9713
971.jp

Eine *otaku*-Bar mit einem Motto: elektronische Haushaltsgeräte, technische Spielereien und Retro-Spiele. Perfekt für jeden, der Drinks und Spiele mag, denn hier gibt es um die 600 Famicon-Kassetten zur Auswahl, während im Hintergrund ultracoole Musik spielt.

140 **TACHIBANA SHINSATSUSHITSU**
1-1-8 Kabukicho
Shinjuku-ku ⑦
+81 (0)3-3208-4148

Das Konzept dieser Bar ist das eines Wartezimmers in einem Krankenhaus. Die Kellnerinnen und Kellner tragen Schwesternuniformen, und die Cocktails haben alle einzigartige Namen. Wenn Sie kein Japanisch sprechen, fragen Sie die »Schwester«. Doch Vorsicht: Einige der Namen sind wirklich ein wenig anzüglich.

136–140 GOLDEN-GAI

140 TACHIBANA SHINSATSUSHITSU

Die 5 besten Orte für
JAPANISCHES CRAFT-BIER

141 **T.Y. HARBOR**
2-1-3 Higashi-Shinagawa
Shinagawa-ku ⑭
+81 (0)3-5479-4555
tysons.jp

Diese Bar begann ihre Existenz 1997 als ein Braurestaurant, drei Jahre nach Aufhebung des Verbots von Craft-Bieren, wobei ein Teil eines Warenhauses renoviert wurde. Bier als Zutat findet hier auch beim Kochen Verwendung, zum Beispiel beim Grillhähnchen in Ale-Marinade und bei den in Ale gedämpften Muscheln.

142 **INAZUMA DINING**
3-6-9 Roppongi
Minato-ku ⑥
+81 (0)3-6441-2802

Inazuma Beer ist eine Brauerei in einem Wohngebiet im Zentrum von Tokio. Ihr Craft-Bier wird bei Inazuma Dining serviert, einer Bar an derselben Adresse, wo man auch essen gehen kann. Die Gerichte sind ganz wunderbar, werden aus saisonalem Bio-Gemüse zubereitet und lassen sich ganz toll mit dem Bier kombinieren.

143 **NIHONBASHI BREWERY**
&WORK NIHONBASHI,
1. STOCK
10-13 Nihonbashi
Tomizawacho
Chuo-ku ⑨
+81 (0)3-6231-0226

Hier sind 15 Craft-Bier-Marken erhältlich, darunter das Original, das speziell von Oregons HUB (Hop works Urban Brewery) entwickelt wurde. Beim Kochen benutzt man pestizidfreie Zutaten oder solche mit geringer Belastung. Ein weiterer Ableger befindet sich nahe des Tokio-Bahnhofs.

144 **SHUJITSU ONE**
3-44-11 Uehara
Shibuya-ku ⑫
+81 (0)3-5738-8501
shujitsu.com/one

Eine gute Wahl für Fans von Craft-Bier und Bio-Wein. Die Hauptmarke des Hauses ist Minoo Beer, eine beliebte Biersorte, die in Minoo City, Osaka, gebraut wird. Probieren Sie dazu Hähnchen und Pommes mit einer würzigen Tatarsoße. Auf der gleichen Etage befindet sich außerdem ein äthiopisches Kaffeehaus namens TO.MO.CA.

145 **CRAFT BEER MARKET**
SUMITOMO SHOJI JINBOCHO BUILDING, 1. STOCK
2-11-15 Kanda Jinbocho
Chiyoda-ku ⑨
+81 (0)3-6272-5652
craftbeermarket.jp

Hier bekommt man um die 30 verschiedene Craft-Biere, darunter japanische und Importmarken. Wenn Sie sich nicht auf eine Sorte beschränken möchten, dann wählen Sie die Option *nomi hodai* (Flatrate-Getränke). Das beliebteste Gericht auf der Karte ist Brathähnchen.

145 CRAFT BEER MARKET

5 *schöne*

WEINSTUBEN

146 **AOI**
2. Stock
1-18-9 Sekiguchi
Bunkyo-ku ⑩
+81 (0)3-6823-8246
winebar-aoi.com

Diese Weinstube serviert diverse japanische Weine, aber auch edle Tropfen aus Frankreich, Italien oder Kalifornien. Dazu gibt es vom Affineur speziell ausgewählten Käse und Snacks aus japanischen Zutaten, die alle gut zu den Weinen passen. Ab und zu werden Degustationen veranstaltet.

147 **BAR À VIN PARTAGER**
OMOTESANDO HILLS,
3. STOCK
4-12-10 Jingumae
Shibuya-ku ③
+81 (0)3-6434-9091
partager-omotesando.com

Eine Weinstube in Omotesando Hills, die nicht nur preisgünstige Weine aus Japan, Europa und Südamerika serviert, sondern auch Champagner. Ein halbes Glas Wein kostet weniger als 300 Yen! Hinzu kommt eine lockere Interpretation bekannter französischer Spezialitäten. Probieren sollten Sie unbedingt die Foie-gras-Macarons.

148 **3AMOURS**
1-15-9 Ebisu-Nishi
Shibuya-ku ②
+81 (0)3-5459-4333
3amours.com

Eine Weinstube in einem Weinfachgeschäft. Genießen Sie ein Glas (oder gleich mehrere Gläser) Bio-Wein zu vernünftigen Preisen – das geht sogar, wenn Sie allein da sind. Ein hübsches Weingeschäft, wo es so einige interessante und seltene Weine zu entdecken gibt. Beachten Sie, dass der Laden jedoch um 21 Uhr schließt.

149 **SHIZUKU**

3-6-47 Kagurazaka
Shinjuku-ku ⑦
+81 (0)3-6265-3790
kagurazakashizuku.com

Dieses Weinlokal befindet sich in einem 80 Jahre alten Haus in einer Seitenstraße in Kagurazaka. Hier wird italienische Küche aus hochwertigen japanischen Zutaten gezaubert, die sich ganz wunderbar mit den Weinen auf der Karte kombinieren lässt. Für Gruppen von acht bis 16 Leuten gibt es im zweiten Stock einen kleinen Saal, wo man die Option *nomi hodai* (Flatrate-Weine) wählen kann.

150 **APÉRO. WINE BAR & TABLE**

3-4-6 Minami-Aoyama
Minato-ku ④
+81 (0)3-6325-3893
apero.co.jp

Eine Weinstube, die von einem französischen Paar geführt wird, das ökologische, biodynamische oder natürliche Weine von handverlesenen Weingütern serviert. Hier kommt eine französische Küche auf den Tisch, die aus japanischen Biozutaten zubereitet wird.

150 APÉRO. WINE BAR & TABLE

Die 5 besten Lokale für
JAPANISCHEN TEE

151 **CHA CHA NO MA**
5-13-14 Jingumae
Shibuya-ku ③
+81 (0)3-5468-8846
chachanoma.com

Hier serviert Tee-Sommelier Yoshi Watada verschiedene Tees aus ganz Japan. Auf der Karte stehen auch selbst gemachte Süßspeisen, und ganz besonders das *matcha*-Eis (grüner Tee) ist absolut zu empfehlen. Vergessen Sie auch nicht, ein *kiseki no itteki* zu bestellen (ein Überraschungsgetränk).

152 **UOGASHI MEICHA**
5-5-6 Ginza
Chuo-ku ⑧
+81 (0)3-3571-1211
uogashi-meicha.co.jp

Das Hauptgeschäft befindet sich mitten auf dem Tsukiji-Fischmarkt und ist bei den Einheimischen sehr beliebt. In der Teestube in Ginza hingegen kann man bei einer Tasse Tee ein Stück echt japanischen Kuchen genießen. Der hellfarbige *hoji-cha* (gerösteter Tee) ist sehr mild.

153 **KOSOAN**
1-24-23 Jiyugaoka
Meguro-ku ⑬
+81 (0)3-3718-4203
kosoan.co.jp

Ein Café in einem traditionellen Haus, das vor über 100 Jahren erbaut wurde. Beim Blick auf den hübschen japanischen Garten möchte man fast meinen, man wäre dem Trubel auf den Straßen Tokios entkommen. Genießen Sie in dieser Atmosphäre in vollen Zügen eine entspannende Tasse *matcha*. Der angeschlossene Antiquitätenladen ist ebenfalls einen Blick wert.

154 **CHA-NO-HA**
MATSUYA GINZA
3-6-1 Ginza
Chuo-ku ⑧
+81 (0)3-3567-2635
chanoha.info

Im Untergeschoss des Matsuya-Baus hinter der Verkaufsabteilung gelegen. Genießen Sie hier an der Theke Ihren Tee und saisonale Süßigkeiten. Diese Adresse ist ein echter Lebensretter, wenn man eine Pause vom Einkaufen in Ginza braucht. Das Menü ist saisonal geprägt.

155 **CHA CHA KOBO**
2-21-19 Nishi-Waseda
Shinjuku-ku ⑪
+81 (0)3-3203-2033
chachakoubou.com

Dieses Café serviert japanischen Bio-Tee und japanische Süßigkeiten, etwa *matcha*-Eiscreme und *zenzai* (*mochi* und süße rote Bohnensoße). Mittags gibt es zudem Reisbällchen, abends dann *udon*-Nudeln und Gerichte in Reisschüsseln.

153 **KOSOAN**

Die 5 gemütlichsten KAFFEEHÄUSER

156 **MANMANDO**
3-15-4 Nishi-Nippori
Arakawa-ku ⑩
+81 (0)3-3824-4800

Dieses Café hat dank seiner antiken Möbel und dem angenehmen Aroma der vor Ort gerösteten Kaffeebohnen eine einzigartige Atmosphäre. Der Besitzer geht keinerlei Kompromisse ein, wenn es um die richtige Bohne geht. Einige der Kaffeesorten, die hier geröstet werden, sind so rar, dass man sie unbedingt probieren sollte.

157 **GRAMERCY COFFEE BAR**
3-7-2 Minami-Aoyama
Minato-ku ④
+81 (0)3-6432-9874
gramercycoffee.jp
(nur Japanisch)

Dieses in einer Nebenstraße der Hauptstraße Nr. 246 gelegene Café besitzt ein freundliches Ambiente. Im Angebot sind hier frisch gerösteter Kaffee und köstliche selbst gebackene Kuchen und Plätzchen. Als vegetarische, milch- oder sojafreie Option kann man Mandelmilch bestellen.

158 **KANDA COFFEE**
2-38-10 Kanda Jinbocho
Chiyoda-ku ⑨
+81 (0)3-5213-4337

Ein Kaffeehaus in einem Viertel voller Buchhandlungen. Wenn Sie eine Pause vom Bücherstöbern brauchen, begrüßt Sie ein hübscher roter Röstofen am Eingang dieses Kaffeehauses. Viele Geschäftsleute kommen in der Mittagspause gern für eine Tasse hierher.

159 **SANJIKKEN**
3-8-12 Ginza
Chuo-ku ⑧
+81 (0)3-3564-8096
yanaka-coffeeten.com

Ein Café, das vom in Tokio beheimateten Kaffeebohnenhändler Yanaka Coffee betrieben wird, der mehr als 30 Geschäfte in Tokio betreut. Hier kommt der Kaffee in einer Kanne, damit sich die Kunden selbst nachschenken können. Eine weitere Filiale findet man in Omotesando.

160 **JALK COFFEE**
4-19-4 Eifuku
Suginami-ku ⑫
+81 (0)3-6379-1313
jalkcoffee.com

Das Konzept der Betreiber lautet: »Den Menschen mit Kaffee jeden Tag ein Stückchen Glück schenken«. Gute Neuigkeiten für alle Kaffeejunkies: Die zweite Tasse erhält man zum halben Preis. Probieren Sie unbedingt auch den hauseigenen Chiffon-Kuchen.

158 **KANDA COFFEE**

5 *Cafés im*
SHOWA-STIL

161 **COFFEE L'AMBRE**
3-31-3 Shinjuku
Shinjuku-ku ⑦
+81 (0)3-3352-3361

Auf den ersten Blick wirkt dieses Café eher unspektakulär, aber wenn man die Treppe nach unten geht, kommt es einem so vor, als hätte man soeben eine Zeitreise in die Showa-Periode angetreten (1926–1989). Dank der späten Öffnungszeiten ist dieses Etablissement eine gute Option für einen Kaffee nach dem Abendessen.

162 **MILONGA NUEVA**
1-3 Kanda Jinbocho
Chiyoda-ku ⑨
+81 (0)3-3295-1716

In Jinbocho gibt es eine ganze Reihe alter Cafés, und dieses hier ist vielleicht das berühmteste. Wie der Name suggeriert, ist es ein Tango-Café, wo manchmal Live-Tangokonzerte stattfinden. Versuchen Sie einmal die Birnentorte oder den Schokopudding – beides sehr lecker mit einer Tasse Kaffee. Auch Bier steht auf der Getränkekarte.

163 **LADRIO**
1-3 Kanda Jinbocho
Chiyoda-ku ⑨
+81 (0)3-3295-4788

Dieses Café in derselben Gasse wie das Milonga vibriert förmlich vor lauter französischer Chansons. Dies ist die erste Adresse Tokios, in der Wiener Kaffee serviert wird. Werden Sie ruhig ein wenig nostalgisch beim Klang von echten Vinylschallplatten in gedämpfter Atmosphäre.

164 **MEIKYOKU KISSA LION**
2-19-13 Dogenzaka
Shibuya-ku ①
+81 (0)3-3461-6858
lion.main.jp

Ein *meiyoku kissa* ist eine Art Café, wo die Gäste klassische Musik hören (oft über eine hochwertige Stereoanlage) und dabei eine Tasse Tee oder Kaffee trinken. Dieses Café wurde 1926 eingeweiht, brannte im Zweiten Weltkrieg ab, wurde aber danach wiedereröffnet. Das Fotografieren und Mobiltelefone sind nicht gestattet.

165 **CAFÉ PAULISTA**
8-9-16 Ginza
Chuo-ku ⑮
+81 (0)3-3572-6160
paulista.co.jp

Der Begriff *Ginbura* bedeutet brasilianischen Kaffee in Ginza zu trinken, ein Wort, das sich die Stammgäste dieses Cafés haben einfallen lassen. Es wurde 1911 eröffnet und ist sehr beliebt. Auch der legendäre John Lennon war schon hier. Die im Café Paulista verwendeten Kaffeebohnen sind ökologisch zertifiziert.

161 COFFEE L'AMBRE

Die 5 aufregendsten

TIER-CAFÉS

166 **MIAGOLARE**
DAINI FUJIO BUILDING, 3. STOCK
4-30-26 Honcho
Nakano-ku ⑫
+81 (0)3-6382-8105
miagolare.org

Zahlen Sie den Eintritt am Eingang, bestellen Sie sich ein Getränk und spielen Sie mit den Katzen drauflos. Alle Tiere wurden vor dem Einschläfern bewahrt, hier kann man sie kennenlernen und sogar adoptieren. Aber die Stubentiger sind auch einfach glücklich, wenn sie Menschen treffen, die mit ihnen kuscheln wollen.

167 **MUGIMARU 2**
5-20 Kagurazaka
Shinjuku-ku ⑤
+81 (0)3-5228-6393
mugimaru2.com

Dieses Café ist ein altes Haus, in dem eigentlich Brot verkauft wird. Ganz zufällig laufen hier aber auch ein paar Katzen frei herum. Die obere Etage wirkt beinahe so, als wäre man hier zu Hause. An heißen Tagen halten sich die Katzen eher fern.

168 **IKEFUKURO**
SAKIMOTO BUILDING, 6. STOCK
1-17-1 Minami-Ikebukuro
Toshima-ku ⑪
+81 (0)3-3988-2914
ikefukuroucafe.com

In diesem Café gibt es um die 50 Eulen. Eulen, das heißt *fukuro* auf Japanisch, und das reimt sich auf Ikebukuro, was die Eule zu einem Symbol dieser Epoche macht. Sie können auch Ihre eigene Eule mitbringen (das ist in Japan tatsächlich gar nicht mal so ungewöhnlich), aber das müssen Sie zuvor anmelden. Getränke werden nur in PET-Flaschen verkauft. Es gibt kein Essen.

169 **FOREST OF OWL**
4-5-8 Sotokanda
Chiyoda-ku ⑨
+81 (0)3-3254-6366
2960.tokyo

Das größte Eulencafé in Tokio, auch wenn es eigentlich gar nicht so aussieht. Wie der Name schon verrät, ähnelt dieses Café eher einem Wald, und hier die Eulen zu entdecken, ist gar nicht so einfach. Einige der Tiere sind an den Menschen gewöhnt, andere nicht.

170 **HACHURUI KUKAN**
FUJI DAINI BUILDING,
3. STOCK
5-10-1 Arai
Nakano-ku ⑫
+81 (0)3-5318-9357

Das Wort *hachurui* bedeutet »Reptilien«. Ja, dieses Café lädt zum Kuscheln mit Kriechtieren ein, doch man muss Mitglied sein. Rufen Sie am besten am Tag vor Ihrem Besuch an. Es gibt hier auch ein Hotel für Reptilien, damit ihre Besitzer beruhigt in den Urlaub fahren können.

168 **IKEFUKURO**

5 tolle Orte für

KALT GEPRESSTEN SAFT

171 **ELLE CAFE**
5-51-8 Jingumae
Shibuya-ku ③
+81 (0)3-6451-1996
ellecafe.jp

Ein beliebtes Café, nicht nur für gesundheitsbewusste Hipster, sondern für alle jungen Leute. Am Wochenende bekommt man zur Mittagszeit hier kaum mehr ein Bein auf die Erde, aber die Türen öffnen bereits um 8 Uhr (9 Uhr am Wochenende). Warum also nicht einfach mal hier frühstücken? Ein tolles Lokal, um *coyo* zu probieren (Kokosnussjoghurt). Es gibt auf der Speisekarte auch glutenfreie Optionen.

172 **DAVID OTTO**
2-6-3 Sendagaya
Shibuya-ku ③
+81 (0)3-6758-0620
davidottojuice.com

Ein Tokio-Ableger einer kalifornischen Café-Kette für kalt gepressten Saft. Ihr Kokoswasser stammt von älteren Kokosnüssen, was dem Getränk eine dickere Konsistenz verleiht. Bestellen Sie dazu am besten eine Kugel Kokosnusseis von Kippy's Coco Cream, die sich die Ladenmiete mit David Otto teilen.

173 **CLEANSING CAFE**
22-12 Sarugakucho
Shibuya-ku ②
+81 (0)3-6277-5336
cleansingcafe.com

Zusätzlich zu einer Reihe von kalt gepressten Säften, darunter auch aus saisonalen Früchten, gibt es hier außerdem als Detox-Option leckere Suppen. Empfohlen wird dazu Wildreis. Suppe und Saft können auch zum Mitnehmen bestellt werden. Auf Wunsch wird Ihnen eigens ein Diätmenü zusammengestellt.

174 **SUNSHINE JUICE**
1-5-8 Ebisu
Shibuya-ku ②
+81 (0)3-6277-3122
sunshinejuice.jp

Der Pionier auf dem japanischen Markt für kalt gepresste Säfte. Wo möglich, werden hier lokal produzierte Zutaten verwendet. Das Team besucht sogar die Landwirte, um sich die Produktionsstätten anzusehen und um unansehnliches Obst und Gemüse aufzukaufen, das es sonst nicht in den Handel schafft. Wie man sieht, macht dieser Saft alle glücklich. Smoothies und vegane Suppen stehen ebenfalls auf der Speisekarte.

175 **TRUEBERRY**
3-13-15 Nakameguro
Meguro-ku ②
+81 (0)3-6712-2257
trueberry.jp

Hier werden nur Bio-Ingredienzen verwendet, die direkt in Japan angebaut werden. Wenn Sie also Wert auf lokal produzierte Waren legen, dann ist dies das perfekte Café für Sie. Neben kalt gepressten Säften werden auch Smoothies und Rohkostkuchen angeboten.

現象体
ファインペーパー

100 ORTE ZUM SHOPPEN

5 MODEGESCHÄFTE *für* HERREN

176 **BEAMS**
3-24-7 Jingumae
Shibuya-ku ③
+81 (0)3-3470-3947
beams.co.jp

Beams ist einer der ersten Select Shops in Japan und wurde in den Siebzigerjahren eröffnet. Das Angebot umfasst bequeme Alltagskleidung von japanischen und ausländischen Marken. Als führender Anbieter für Harajuku-Mode gibt es auch noch weitere Läden von Beams in der Umgebung, darunter Beams T. für bedruckte T-Shirts, und ein Geschäft für Damen namens Beams Boy, wo von Männermode inspirierte Kleidung für Frauen verkauft wird.

177 **MASTERMIND**
TOKYO MIDTOWN HIBIYA
2-5-1 Yurakucho
Chiyoda-ku ⑧
mastermindjapan.com

Modebewusste Besucher sollten in Tokio unbedingt einmal ein neues Mode-Outlet namens Mastermind besuchen. Der Flagship-Store wurde im März 2018 eröffnet. Lässig und doch schick, wild und doch stilvoll. Vielleicht ist ja auch etwas für Ihre Garderobe dabei?

178 **NIKELAB MA5**
5-12-24 Minami-Aoyama
Minato-ku ③
+81 (0)3-6427-2560
nike.com/jp/ja_jp/c/nikelab/ma5

Ein Nike-Shop, der Turnschuhe und Kleidung für Männer und Frauen im ehemaligen Schwimmbad eines Wohnhauses verkauft. Die Turnschuhe für Herren gibt es bereits ab Größe 39 1/2, sodass sie auch von Frauen getragen werden können!

179 **KURA CHIKA YOSHIDA**
5-6-8 Jingumae
Shibuya-ku ③
+81 (0)3-5464-1766
yoshidakaban.com

Yoshida Kaban von den Marken Porter und Luggage Label stellt schon seit 1935 hochwertige Lederwaren her. Die Auswahl reicht von Business bis Casual und auch alles dazwischen. Zudem wird eine Handtaschenlinie für Damen produziert. Alle Produkte zeichnen sich durch Stil und Praktikabilität aus.

180 **STUDIOUS**
4-26-32 Jingumae
Shibuya-ku ③
+81 (0)3-5785-1864
studious-onlinestore.com

Dieser Select Shop verkauft ausschließlich Kleidung von Herstellern aus Tokio, darunter auch international bekannte Marken wie Miyahara Yashuhiro und Undercover. Zudem sind Kleidungsstücke junger Designer, denen die große internationale Karriere noch bevorsteht, im Sortiment. Man weiß ja nie!

5 MODEGESCHÄFTE *für* DAMEN

181 **MINÄ PERHONEN**
HILLSIDE TERRACE G,
1. STOCK
18-12 Sarugakucho
Shibuya-ku ②
+81 (0)3-6826-3770
mina-perhonen.jp

Die Marke von Textildesigner Akira Minagawa ist seit mehreren Generationen nicht mehr aus den Kleiderschränken der Japaner wegzudenken. Seine Kreationen kombinieren viele verschiedene Elemente miteinander, von elegant bis *kawaii*. Manchmal trifft man den Designer selbst im Geschäft an – perfekt, um ihn über seine neuesten Kreationen zu befragen.

182 **TSUMORI CHISATO**
4-21-25 Minami-Aoyama
Minato-ku ④
+81 (0)3-3423-5170
tsumorichisato.cc

Seit den Achtzigerjahren produziert Chisato Tsumori ihre fröhlich-bunte Modelinie. Man könnte fast denken, dass die Stücke zu hübsch zum Tragen seien, aber Probieren geht über Studieren! Diese Marke steht für eine eher reife Mode.

183 **HYKE**
ISETAN RE-STYLE
3-14-1 Shinjuku
Shinjuku-ku ⑦
+81 (0)3-3352-1111
hyke.jp

Ein japanisches Modelabel, das auf der ganzen Welt Beachtung findet. 2013 von zwei japanischen Designern gegründet, die sich bereits zuvor in der Modeindustrie einen Namen gemacht haben. Bevorzugt werden Primärfarben wie Khaki und Schwarz in Kombination mit schlichten Schnitten, die aber nie langweilig wirken.

184 **SIMMON**
18-5 Uguisudani
Shibuya-ku ①
+81 (0)3-6455-3467
simmon-s.com

Atelier und Geschäft des jungen japanischen Schmuckdesigners Shimon Sato, dessen Arbeiten sowohl in Japan als auch im Ausland angeboten werden, darunter im MoMa in New York. Seine Spezialität sind Motive mit süßen Tierchen wie zum Beispiel Wolf und Hirsch. Am besten Sie kontaktieren den Betreiber vor dem Besuch per E-Mail, um die genauen Öffnungszeiten herauszufinden.

185 **JURGEN LEHL + BABAGHURI**
SHIN KOKUSAI BUILDING, 1. STOCK
3-4-1 Marunouchi
Chiyoda-ku ⑧
+81 (0)3-6212-0082
jurgenlehl.jp

Der verstorbene deutschstämmige Jurgen Lehl erschuf mit seinen weichen Stoffen einen zeitlosen Stil mit fließenden Kleidern, die über viele Jahre getragen werden können. Die Schals passen zu jeder Jahreszeit, die Accessoires sind schlicht und schön.

184 SIMMON

5 Orte, wo Sie etwas »WELTWEIT EINZIGARTIGES« kaufen können

186 **PIECE**
3-41-3 Jingumae
Shibuya-ku ③
+81 (0)3-6440-0163
mina-perhonen.jp

Minä Perhonens »Upcycle«-Shop mit Accessoires, die aus allem Möglichen hergestellt werden, darunter Textilflicken und recycelte Objekte aus Minäs Archiv. Die Schmuckstücke werden in hübschen Antikmöbeln präsentiert. Da kann es schon mal passieren, dass man ein wenig länger durch den Laden stöbert, um die perfekte Brosche zu finden. Die Auswahl ist riesig!

187 **KEISUKE KANDA**
HOKUTO DAIICHI BUILDING, 3. STOCK
2-14-3 Yoyogi
Shibuya-ku ⑦
+81 (0)3-6276-2995
keisukekanda.com

Ein junger japanischer Designer, der seine einzigartige Sicht der Welt mit einer eigenen Modekollektion zum Ausdruck bringt. Auf den ersten Blick mögen seine Designs ein wenig schlicht erscheinen, aber Keisuke Kanda legt viel Wert auf Nähte und die Kombination der einzelnen Teile, was ihn von der Konkurrenz unterscheidet.

188 **WHITE ATELIER**
VON CONVERSE
6-16-5 Jingumae
Shibuya-ku ③
+81 (0)3-5778-4170
whiteatelier-by-converse.jp

Im Untergeschoss dieses Geschäfts befindet sich ein Workshop, wo man komplett weiße Converse-Schuhe kaufen kann. Anschließend wählt man eine Illustration und Nieten oder kleine Objekte dazu aus: So gestaltet man selbst die neuen Schuhe.

189 DESERTIC

2-26-7 Nishi-Azabu
Minato-ku ④
+81 (0)3-6427-5156
desertic-tokyo.com

Eine japanische Unisex-Marke von Takeaki Taira. Die berühmte »Liquid«-Serie besteht aus flüssig aussehendem Patchwork aus alten T-Shirts, Strick oder Schals auf einem schlichten weißen T-Shirt. Hemden mit handbemalten Säumen, Mountain-Parkas und Accessoires vervollständigen den Look.

190 SUPER A MARKET

3-18-9 Minami-Aoyama
Minato-ku ④
+81 (0)3-3423-8428
superamarket.jp

Ein umfangreicher Select Shop mit Kollektionen talentierter japanischer Jungdesigner wie auch von internationalen Luxuslabels. Die handgefertigten Accessoires des in Tokio lebenden französischen Perlendesigners Armel Malejacq lohnen auf jeden Fall einen zweiten Blick. Man trifft ihn häufig im Laden an, wo er an Spezialanfertigungen arbeitet.

189 DESERTIC

5

DESIGNERLÄDEN

für Klamotten

191 FACETASM

2-31-9 Jingumae
Shibuya-ku ③
+81 (0)3-6447-2852
facetasm.jp

Der Designer Hiromichi Ochiai gründete sein Label 2007. Kurz darauf hatte er bereits die Aufmerksamkeit der Modewelt für sich gewonnen. Jedes seiner Stücke verfügt über eine ganz eigene Form, manchmal kommen niedliche Fransen hinzu. Vielleicht nicht unbedingt etwas, worin man sich von Kopf bis Fuß kleidet, aber vielleicht ist das eine oder andere Stück ja eine praktische Ergänzung für den Kleiderschrank.

192 SACAI

5-4-44 Minami-Aoyama
Minato-ku ④
+81 (0)3-6418-5977
sacai.jp

Sacai wurde 1999 von dem japanischen Designer Chitose Abe gegründet. Seitdem hat sich das Label zu einer der weltweit führenden Modemarken entwickelt. Abes Kreationen sind eine passende Mischung aus süß, frech und cool.

193 **UNDERCOVER**

5-3-22 Minami-Aoyama
Minato-ku ④
+81 (0)3-3407-1232
undercoverism.com

Der japanische Modedesigner Jun Takahashi startete mit seinem Label durch, als er noch Student an der Uni war. Da seine Kollektionen ausschließlich in kleinen Stückzahlen produziert werden, hatte Undercover schon bald eine treue Fangemeinde. Die Zusammenarbeit mit Nike Gyakusou ist gerade bei modebewussten Joggern sehr angesagt.

194 **DOVER STREET MARKET GINZA**

6-9-5 Ginza
Chuo-ku ⑧
+81 (0)3-6228-5080
ginza.doverstreet market.com

Dover Street Market ist ein Modekaufhaus von Comme des Garçons, und dies hier ist ihr Geschäft in Ginza. Neben den Marken von CdG wie Junya Watanabe und Noir Kei Ninomiya gibt es hier auch viele bekannte Labels wie Balenciaga und Louis Vuitton. Planen Sie auch einen Abstecher in die Rose Bakery in der siebten Etage mit ein und erholen Sie sich von Ihrer Shoppingtour bei einem leckeren Stück Kuchen.

195 **HYSTERIC GLAMOUR**

6-23-2 Jingumae
Shibuya-ku ③
Damen:
+81 (0)3-3409-7227
Herren:
+81 (0)3-3797-5910
hystericglamour.jp

Dieses Label wurde in den Achtzigern gegründet und nimmt seine Inspiration aus der amerikanischen Pop- und Fashionkultur der Sechziger-, Siebziger- und Achtzigerjahre. Die Kleidung ist farbenfroh und voller Rock'n'Roll, was dem Träger das Gefühl von richtig viel Power verleiht. Es gibt zudem eine eigene Modelinie speziell für Kinder.

5 VINTAGE-SHOPS,
die man nicht verpassen darf

196 **EVA**
Avenue side
Daikanyama1B
2-1 Sarugakucho
Shibuya-ku ①
+81 (0)3-5489-2488
evavintagetokyo.com

Wenn es nach dem Besitzer geht, dann spielt Vintage-Kleidung heute eine immens wichtige Rolle in der Modewelt. In der Tat lieben es viele Fashionistas, Vintage-Stücke mit teuren Markenklamotten zu kombinieren. Die Kleidung von EVA wird sich in jeder Garderobe gut machen.

197 **TOGA XTC**
6-31-10 Jingumae
Shibuya-ku ③
+81 (0)3-6419-8136
toga.jp/store

Dies ist der Vintage-Laden von Yasuko Furuta, Designer der Marke Toga. Er befindet sich auf dem Parkplatz des Toga-Geschäfts in Harajuka. Auf wenigen Quadratmetern finden sich hier jede Menge Kleider, Taschen, Schuhe und Accessoires aus den Siebziger- und Achtzigerjahren.

198 **VELVET**
SUZURAN BUILDING,
1. STOCK
3-26-3 Kitazawa
Setagaya-ku ⑫
+81 (0)3-6407-8770
velvet.pw

Der Besitzer arbeitete früher als Redakteur, und auch wenn er keine Erfahrung in der Modebranche hatte, so liebte er doch Vintage-Kleidung über alles. Seine Vorgehensweise ist daher, die Stücke aus der Sicht eines (ehemaligen) Redakteurs auszuwählen. Hauptsächlich geht es um Kleidung für Männer, aber auch Frauen, die auf einen *oversized*-Look stehen.

199 **PASS THE BATON**
MARUNOUCHI BRICK SQUARE
2-6-1 Marunouchi
Chiyoda-ku ⑧
+81 (0)3-6269-9555
pass-the-baton.com

Diese Kleidungsstücke und Accessoires werden an die nächsten Besitzer weitergereicht – ähnlich einem Staffelstab an den nächsten Läufer. Viele der Secondhand-Klamotten, die hier im Angebot sind, waren früher im Besitz von Leuten in der Modeindustrie, etwa Stylisten. Ihre Bio-Taschen mit eigens entworfenem Aufdruck – sind ein typisches Beispiel für einen guten Sinn fürs »Upcyclen«.

200 **LEMONTEA**
6-11-8 Jingumae
Shibuya-ku ③
+81 (0)3-5467-2407
blog.lemontea-tokyo.net

Von Nike-Vintage-Schuhen zu Harris-Tweedjacken, hier bekommt man eine große Auswahl an Alltagskleidung aus Amerika und Europa: Vintage-Kleidung, in der man richtig cool aussehen kann. Alle Stücke lassen sich bequem mit Nicht-Vintage-Kleidung kombinieren.

199 PASS THE BATON

5 tolle Geschäfte für einen
KIMONO

201 **OYAMA KIMONO C'ERA UNA VOLTA**
3-14-9 Minami-Aoyama
Minato-ku ④
+81 (0)3-3479-8045
oyamakimono.com

Dieses Geschäft in einer kleinen Seitenstraße in Aoyama verkauft qualitativ hochwertige Kimonos. Wenn Sie sich zum Kauf entscheiden, können Sie hier auch gleich lernen, wie man einen Kimono anzieht. Oder Sie können sich vom Team beim Ankleiden helfen lassen. Ebenfalls erhältlich sind originale *obi* (Gürtel) aus importierten Stoffen.

202 **OEDO KAZUKO**
4-29-3 Jingumae
Shibuya-ku ③
+81 (0)3-5785-1045
ooedokazuko.ooedo-group.com

Der Laden wird von einem Antiquitäten- und Kunsthändler geführt. Das heißt, die Kimonos, die man hier bekommt, sind in einem Top-Zustand. Zum Sortiment gehören zudem diverse *furisode* (mit langen Ärmeln, getragen von jungen unverheirateten Frauen) sowie Kimonos für Männer. Außerdem findet man hier die passenden Haaraccessoires für Kimonoträger.

203 SETAGAYA BORO ICHI
Setagaya
Setagaya-ku

Der ultimative Ort, um Kimonos zu kaufen. Setagaya Boro Ichi ist ein Flohmarkt, der seit 1578 jedes Jahr im Dezember und Januar stattfindet. *Boro* heißt »abgetragen« und *»ichi«* ist die Abkürzung für *ichiba* (Markt). Wer weiß, vielleicht finden Sie hier sogar das eine oder andere Schnäppchen.

204 TOKYO HOTARUDO
1-41-8 Asakusa
Taito-ku ⑩
+81 (0)3-3845-7563
tokyohotarudo.com

Der perfekte Laden für Vintage-Kleidung. Hier gibt es jede Menge Stücke aus der Taishō-Zeit (1912–1926). Die Kimonos sind recht farbenprächtig und immer noch trendig. Sie lassen sich zudem gut mit Stiefeln tragen. Außerdem sind hier Accessoires für den Kimono erhältlich.

205 OLD & NEW TANSUYA
NAKAYAMA BUILDING,
1. STOCK
3-4-5 Ginza
Chuo-ku ⑧
+81 (0)3-3561-8529
tansuya.jp

Tansuya ist ein Geschäft für gebrauchte Kimonos. In der Filiale in Ginza können Sie Kimonos für festliche Anlässe kaufen. Besuchen Sie diesen Laden, wenn Sie Wert auf einen hochwertigen Kimono legen (und am besten nicht so sehr aufs Geld achten müssen).

5 coole
CONCEPT STORES

206 **MAISON DE MARUYAMA**
4-25-10 Minami-Aoyama
Minato-ku ④
+81 (0)3-3406-1935
keitamaruyama.com

Der spannende Concept Store von Fashion-Designer Keita Maruyama. Hier finden Sie seine aktuelle Kollektion sowie die Kollektionen all seiner Lieblingsdesigner. Außerdem erhältlich sind hier Geschirr, Besteck und Gläser, Möbel und Bücher. Das Atelier befindet sich direkt darüber, sodass man Keita Maruyama auch ab und zu unten im Laden antrifft.

207 **BEST PACKING STORE**
1-23-5 Aobadai
Meguro-ku ②
+81 (0)3-5773-5586
bestpackingstore.com

Das Motto dieses Geschäfts ist »Reisen«. Alles in diesem Laden ist darauf ausgelegt, das Reisen bequemer zu machen, wobei einige der Artikel echte Originale sind. Ein Laden, der akutes Fernweh auslöst, auch wenn man viele der Sachen auch zu Hause gut gebrauchen kann.

208 **GOOD DESIGN SHOP**
GYRE, 2. STOCK
5-10-1 Jingumae
Shibuya-ku ③
+81 (0)3-3406-2323
d-department.com/jp/shop/gooddesignshop

Einer der Läden des D&D Department Project, kreiert von Designer Kenmei Nagaoka, der auch mit Comme des Garçons zusammenarbeitet. Hier findet man jede Menge schlichte Aufbewahrungsmöbel sowie limitierte CdG-Produkte, die nur hier erhältlich sind.

209 LA KAGU

67 Yaraicho
Shinjuku-ku ⑤
+81 (0)3-5227-6977
lakagu.com

Das Geschäft war früher einmal das Lager von Shinchosha, dem größten Verlagshaus Japans. Da das Gebäude 20 Jahre lang leer stand, spürt man hier eine ganz besondere Authentizität, wie man sie in neuen Läden nicht erleben kann. Die hier angebotenen Artikel sollen das Leben bereichern – von Mode über Bücher zu CDs. Und es gibt auch ein ausgezeichnetes Café im Haus.

210 TSUTAYA ELECTRICS

TERRACE MARKET, FUTAKO TAMAGAWA RISE
1-14-1 Tamagawa
Setagaya-ku ⑬
+81 (0)3-5491-8550
real.tsite.jp/futako tamagawa

Ein Elektronikshop für Verbraucher, aber so ganz anders als die Läden in Akihabara oder Shinjuku. Hier finden Sie ultraschicke Elektrogeräte sowie Dekoartikel und Bücher. Die Verkäufer werden als »Concierge« bezeichnet und sind absolute Experten auf ihrem Gebiet.

Die 5 besten Geschäfte für INNENAUSSTATTUNG

211 **LOUNGE BY FRANCFRANC**
3-1-3 Minami-Aoyama
Minato-ku ④
+81 (0)3-5785-2111
francfranc.com

Der Flagship-Store der beliebten Interior-Design-Kette. Hier finden Sie Artikel, die Ihr Leben bereichern werden, darunter auch hauseigene Produkte. Masterrecipe, eine der Eigenmarken, bietet einfache, aber sehr durchdachte Objekte, die viele Jahre lang Freude bereiten können. Vielleicht möchten Sie auch ein kuschelweiches Handtuch aus Imabari?

212 **IDÉE**
2-16-29 Jiyugaoka
Meguro-ku ⑬
+81 (0)3-5701-7555
idee.co.jp

Ursprünglich 1975 als Geschäft für Importmöbel begonnen, ist dieser Laden heute auf hochwertige Originalmöbel spezialisiert, die ein Leben lang halten. Die Designs sind zeitlos und geben jedem Raum sofort eine unvergleichliche Wärme. Im vierten Stock befindet sich ein Bakeshop.

213 **D&DEPARTMENT TOKYO**
8-3-2 Okusawa
Setagaya-ku ⑬
+81 (0)3-5752-0120
d-department.com

Ein 1000-Quadratmeter-Reich voller Möbel, Haushaltswaren, Bücher und CDs. Einige der Artikel sind aus zweiter Hand. Hier werden auch Workshops für Profis veranstaltet, zum Beispiel im Messerschleifen, und es findet regelmäßig ein Frischwarenmarkt statt.

214 JOURNAL STANDARD FURNITURE

6-19-13 Jingumae
Shibuya-ku ③
+81 (0)3-6419-1350
js-furniture.jp

Im Innendesign-Geschäft des beliebten Select Shops Journal Standard bekommt man eine Mischung aus Trend- und Vintage-Artikeln aus Japan und dem Ausland. Zum Angebot gehört auch ein kompletter Renovierungsservice, der sogar die Haussuche beinhalten kann.

215 BAZAR ET GARDE-MANGER

5-2-11 Jingumae
Shibuya-ku ③
+81 (0)3-5774-5426
bazar-et-gm.com

Alle Artikel werden von einer französischen Einkäuferin namens Marthe Desmoulins, ehemalige Besitzerin des Geschäfts Absinthe in Paris, handverlesen. Das Motto des Ladens ist ein »Kuriositätenkabinett«. Die von Marthe ausgewählten Dinge sind allesamt einzigartig und süß und werden Ihrer Inneneinrichtung garantiert ein wenig Pep verleihen.

215 BAZAR ET GARDE-MANGER

5 inspirierende

KUNSTHAND-WERKSLÄDEN

216 **TOKYU HANDS**
12-18 Udagawacho
Shibuya-ku ①
+81 (0)3-5489-5111
tokyu-hands.co.jp

Ein Kaufhaus der Träume für kreative Leute. Hier erhält man alles, von Schreibwaren bis hin zu Werkzeug für Handwerker. Das Verkaufsteam kennt sich gut aus und ist sehr hilfsbereit. Im sechsten Stock findet man eine große Auswahl an Stoffen und Leder. Ein Café befindet sich im siebten Stock. Ohne Frage kann man hier locker einen ganzen Tag verbringen.

217 **YUZAWAYA**
Yuzawaya
8-23-5 Nishi-Kamata
Ota-ku ⑭
+81 (0)3-3734-4141
yuzawaya.co.jp

Wenn Sie gerne stricken, dann besuchen Sie einmal dieses Kaufhaus, das eine große Auswahl an Wolle und Garnen bereithält. Im Angebot sind außerdem Stoffe, Perlen und andere Handarbeitsartikel. Ab und zu werden im Laden kostenlose Workshops veranstaltet. Die Anmeldung erfolgt online über das Internet.

218 **OKADAYA**

3-23-17 Shinjuku
Shinjuku-ku ⑦
+81 (0)3-3352-5411
okadaya.co.jp

Ein großer Handarbeitsladen in Shinjuku. Hier erhalten Sie alles, was Sie zum Basteln benötigen, wie zum Beispiel Stoffe, Knöpfe und Bänder, aber auch Theaterschminke und Perücken. Einige der Angestellten können Ihnen dabei helfen, sich Ihr eigenes Cosplay-Kostüm zusammenzustellen.

219 **TOA**

1-19-3 Jinnan
Shibuya-ku ①
+81 (0)3-3463-3351
toa-ltd.com

Dieser Stoffladen ist bis obenhin vollgestopft mit Schnäppchenartikeln. Ausgewählte Meterware kostet hier weniger als 200 Yen. Die meisten Kunden kommen hierher, um bunte künstliche Pelze zu kaufen. Oder Stoffe mit lustigen Mustern, stilvolle und elegante Textilien ... ein Ort, der Ihre Kreativität entfachen wird.

220 **COCCA**

1-31-13 Ebisu Nishi
Shibuya-ku ②
+81 (0)3-3463-7681
cocca.ne.jp

Eine japanische Stoffmarke und gleichzeitig ein Geschäft, das Originaltextilien vertreibt. Die Designs sind ein Ausdruck japanischer Ästhetik, wie sie schon seit Jahrzehnten geschätzt wird. Von Zeit zu Zeit werden hier auch Nähkurse veranstaltet. Als Anfänger muss man sich nicht verstecken, denn das Personal ist äußerst hilfsbereit.

5 der besten
DEPACHIKA
(Feinkostabteilungen)

221 **ISETAN SHINJUKU STORE**
3-14-1 Shinjuku
Shinjuku-ku ⑦
+81 (0)3-3352-1111
isetan.mistore.jp

Isetan Shinjuku ist das wahrscheinlich beliebteste Kaufhaus in Tokio, weil man hier viele limitierte Artikel erhält. Die Plätzchen von Fika, hergestellt von Isetan Mitsukoshi Holdings, sind besonders populär. Hübsch verpackt sind sie das ideale Mitbringsel oder Geschenk.

222 **HIKARIE**
2-21-1 Shibuya
Shibuya-ku ①
+81 (0)3-3461-1090
hikarie.jp

Es gibt viele Produkte, die nur bei Hikarie erhältlich sind, aber zum Glück ist hier nicht ganz so viel los wie bei Isetan. Das Café im Untergeschoss wird von dem besten Barista der Welt, Paul Bassett, und dem führenden Konditor Japans, Yoshihiro Tsujiguhi, gemanagt. Ein einzigartiger Ort, wo man die perfekte Kombination aus Kaffee und Kuchen finden kann.

223 **IKEBUKURO SEIBU**

1-28-1 Minami-Ikebukuro
Toshima-ku ⑪
+81 (0)3-3981-0111
sogo-seibu.jp/ikebukuro

Die Feinkostabteilung ist so riesig, hier gibt es sogar spezielle Führer, die die Besucher in die richtige Abteilung weisen können: »delica attendant« und »sweets attendant«. Erklären Sie diesen Herrschaften ganz einfach, welche Art von Spezialitäten oder Süßwaren Sie suchen, und Sie erhalten Hilfe. Sushi, Soba und Tempura können auch vor Ort verspeist werden.

224 **TOKYU NORENGAI**

2-24-1 Shibuya
Shibuya-ku ①
+81 (0)3-3477-3111
tokyu-dept.co.jp

1951 öffnete das erste *depachika* Japans namens Tokyu Norengai. 2013 fand an gleicher Stelle die Wiedereröffnung statt. Über einen Verbindungsgang gelangt man zu Tokyu Foodshow, einer weiteren Feinkostabteilung im Untergeschoss der Mark City. Wenn Sie einen der ältesten Läden in Japan besuchen möchten, dann schauen Sie auf jeden Fall bei Norengai vorbei.

225 **GINZA SIX**

6-10-1 Ginza
Chuo-ku ⑧
+81 (0)3-6891-3390
ginza6.tokyo

Diese 2017 eröffnete Feinkostabteilung ist wahrscheinlich das luxuriöseste *depachika* Japans. Die berühmtesten Geschäfte Japans und der Welt haben hier ihre Läden. Viele der Produkte sind »nur erhältlich bei Ginza Six«. Eines der beliebtesten Restaurants ist das *noriben* (Bento mit Reis und eine Lage gewürztes Mori-Seegras). Wollen Sie sich schon mal anstellen?

Die 5 verführerischsten Geschäfte für JAPANISCHE SÜSSIGKEITEN

226 **HIGASHIYA MAN**
3-17-4 Minami-Aoyama
Minato-ku ④
+81 (0)3-5414-3881
higashiya.com

Hier gibt es *kashi* (Süßigkeiten), die üblicherweise zum japanischen Tee gereicht werden. Im Angebot sind das ganze Jahr hindurch frisch gedämpfte *buns* sowie im Sommer *aisu monaka* (Rote-Bohnen-Eis in Reiswaffeln) und im Winter *oshiruko* (heiße Rote-Bohnen-Suppe).

227 **QUOLOFUNE**
1-24-11 Jiyugaoka
Meguro-ku ⑬
+81 (0)3-3725-0038
quolofune.com

Kasutera ist eine Art Biskuitkuchen aus Mehl, Eiern und Zucker. Die portugiesische Süßigkeit kam während der Edo-Periode nach Japan. Dieses *kasutera* ist sehr luftig und hat eine feine Konsistenz. Der Zwieback, ebenfalls aus *kasutera*, ist so knusprig, dass man sich gar nicht sattessen kann.

228 **MIZUHO**
6-8-7 Jingumae
Shibuya-ku ③
+81 (0)3-3400-5483

Dieser Laden befindet sich in einer Nebenstraße im geschäftigen Viertel Harajuku und hat sich auf nur zwei Produkte spezialisiert: *mame daifuku*, das ist *mochi* mit einer Rote-Bohnen-Füllung, sowie *monaka*-Waffeln gefüllt mit Bohnenpaste. Ihr *daifuku* ist besonders berühmt, und selbst an Werktagen ist das Sortiment oftmals bereits vor Mittag ausverkauft.

229 KAMEJU

2-18-11 Kaminarimon
Taito-ku ⑩
+81 (0)3-3841-2210

Kennen Sie das Anime Doraemon? Wissen Sie noch, was Doraemon gerne isst? *Dorayaki* natürlich! Dieser Snack wird aus zwei kleinen Pfannkuchen hergestellt, die mit Bohnenpaste gefüllt werden – eine beliebte Süßspeise bei den Japanern. Kamejus *dorayaki* sind besonders weich. Hier ist eigentlich immer eine Warteschlange vor der Tür. Sie werden aber schnell herausfinden, dass sich das Anstehen lohnt.

230 KASHO SHOAN

1-9-20 Hiroo
Shibuya-ku ②
+81 (0)3-3441-1822

Die Produkte dieses Ladens sind nur in Tokio erhältlich. Deshalb sind sie ein beliebtes Mitbringsel, wenn man Freunde oder die Familie außerhalb von Tokio besucht. *Anzu daifuku*, also *mochi* mit einer Füllung aus roter Bohnenpaste und Aprikose, ist eines ihrer bekanntesten Produkte.

228 MIZUHO

Die 5 besten
PÂTISSERIEN

231 **TOSHI YOROIZUKA TOKYO**
KYOBASHI EDOGRAND
2-2-1 Kyobashi
Chuo-ku ⑧
+81 (0)3-6262-6510
grand-patissier.info

Der Pâtissier Toshi Yoroizuka hat sich acht Jahre lang in der Schweiz, in Österreich, Frankreich und Belgien ausbilden lassen. Seine Erfolgsgeschichte begann 2004, kurz nachdem er seinen ersten Laden eröffnet hatte. Er verwendet sehr viel Sorgfalt auf seine Zutaten und baut sogar seine eigenen Kakaobohnen an, um damit die ultimative Schokolade zu kreieren, und die Kuchen sind ganz einfach unwiderstehlich.

232 **AU BON VIEUX TEMPS**
2-1-3 Todoroki
Setagaya-ku ⑬
+81 (0)3-3703-8428
aubonvieuxtemps.jp

Eine der bekanntesten französischen Pâtisserien in der Hand eines japanischen Pâtissiers. Sogar in Tokio lebende Franzosen empfehlen dieses Geschäft. Ihre *gateaux secs* (Kekse) sind ein beliebtes Geschenk. Im angeschlossenen Café kann man zu Mittag essen oder einen der Kuchen probieren.

233 **GONDOLA**
3-7-8 Kudan-Minami
Chiyoda-ku ⑤
+81 (0)3-3265-2761
patisserie-gondola.com

Der Pound Cake gilt als der beste in ganz Tokio. Das Geschäft öffnete vor mehr als 80 Jahren und ist heute immer noch genauso beliebt wie einst. Die Lage im Geschäftsviertel sorgt dafür, dass viele Kunden hier Kekse als Firmenpräsente kaufen.

234 SHIROTAE

4-1-4 Akasaka
Minato-ku ⑤
+81 (0)3-3586-9039

Dieser Laden bietet seit 1975 einen sehr beliebten Käsekuchen an. Der »rohe« oder ungebackene Käsekuchen wird ausschließlich aus Frischkäse, Zucker und Zitrone hergestellt. Er ist zwar klein, aber sehr mächtig. Die *choux à la crème* ist ebenfalls sehr beliebt.

235 SEIKOTEI

2-30-3 Uehara
Shibuya-ku ⑫
+81 (0)3-3468-2178
seikotei.jp

Die Kartons sind mit kleinen Eichhörnchen hübsch illustriert und so süß, dass viele Kunden die Produkte als Geschenk kaufen. Die Illustrationen stammen von einer einheimischen Künstlerin, die seit über 15 Jahren Eichhörnchen malt. Die Plätzchen im Karton sind einfach köstlich.

5 Shops für INTERNATIONALE LEBENSMITTEL

236 **KINOKUNIYA INTERNATIONAL**
3-11-7 Kita-Aoyama
Minato-ku ③
+81 (0)3-3409-1231
super-kinokuniya.jp

Die Betreiber waren mit der Eröffnung des ersten Supermarkts des Landes im Jahr 1953 sozusagen die Vorreiter in Japan. Hier werden sowohl Produkte aus ganz Japan als auch eingeführte Lebensmittel und Waren verkauft. Die Bäckerei im Haus verkauft eine große Auswahl von Brotwaren, darunter auch deutsches Brot. Die originalen Öko-Taschen sind sehr robust und ein Hit bei den Kunden.

237 **NATIONAL AZABU**
4-5-2 Minami-Azabu
Minato-ku ⑥
+81 (0)3-3442-3181
national-azabu.com

Da dieses Geschäft sich in einem Viertel befindet, in dem viele Expats leben, findet man hier zahlreiche Importartikel, die man vielleicht nicht unbedingt in anderen Geschäften sieht. Seit den Sechzigerjahren hat dieser Laden das Leben vieler Ausländer in Tokio leichter gemacht. Um die 70 Prozent der Kunden sind Nicht-Japaner.

238 **SEIJO ISHII**

2-22-9 Ohashi
Meguro-ku
+81 (0)3-6416-8478
seijoishii.co.jp

Das Hauptgeschäft dieser Supermarktkette befindet sich in Seijo, Setagaya-ku. 2017 wurde eine größere Filiale in Ikejiri Ohashi eröffnet, die schnell an Beliebtheit gewann, denn hier gibt es eine leckere Steinofenpizza zu kaufen. Die Cruffins, oder Croissant-Muffins, die nur hier erhältlich sind, sind ebenfalls sehr beliebt.

239 **VILLE MARCHE**

2-13-5 Kita-Aoyama
Minato-ku ④
+81 (0)3-3403-1677
ville-marche.jp

Dieser Laden verkauft seit 2016 Bio-Produkte in exklusiver Partnerschaft mit 100 Landwirten, von denen hochwertige saisonale Lebensmittel erworben werden. Das ermöglicht, dass alle Agrarerzeugnisse bis zu ihrem Ursprung nachvollziehbar sind. Zudem gibt es im Geschäft eine Bäckerei mit frisch aufgebrühtem Bio-Kaffee – eine gute Wahl, wenn man gern gesund einkaufen möchte.

240 **KAWACHIYA SHOKUHIN**

4-6-12 Ueno
Taito-ku ⑩
+81 (0)3-3831-2215
kawachiya-foods.com

Ameya Yokocho, auch bekannt als Ameyoko, ist ein Freilichtmarkt in Ueno. Kawachiya Shokuhin ist einer der Stände dort. Die Betreiber importieren Produkte aus 30 Ländern weltweit. Wenn Sie ein bestimmtes Gewürz oder ein bestimmtes Kraut suchen, dann könnten Sie hier eventuell Glück haben.

5 STÄNDE *und* FOOD TRUCKS *auf dem Bauernmarkt der* UNIVERSITÄT DER UNO

Bauernmarkt an der
Weltuniversität UNU
5-53-70 Jingumae
Shibuya-ku ③

241 **KAJUEN SHIRAKUMO**

Diese Apfelplantage in Yamagata baut seit kurzer Zeit auch Birnen, Pflaumen und Kirschen, eine Spezialität aus Yamagata, an. Hier bekommt man gekühlten Apfelsaft in Flaschen, der perfekte Durstlöscher an einem heißen Tag. Wenn Sie an dem Stand eine Traubenart namens Dragon Ball sehen, greifen Sie zu! Vielleicht ein bisschen teurer, aber Sie werden es nicht bereuen.

242 **KORIYAMA BRAND YASAI KYOGIKAI**
brandyasai.jp

Diese Bauernkooperative ist davon überzeugt, dass Gemüse ganz einfach gut schmecken muss. Mais und Auberginen können zum Beispiel roh verzehrt werden. Die Süßkartoffeln sind so süß wie Kuchen, sodass man keinen Zucker hinzufügen muss. Checken Sie vorher die Facebook-Seite, denn der Stand ist nicht an jedem Tag präsent.

241–245 **BAUERNMARKT AN DER UNU**

242 **KORIYAMA BRAND YASAI KYOGIKAI**

243 **BEBIBLE**

bebible.jp

Dies wird wahrscheinlich der erste Food-Truck sein, den Sie sehen werden, wenn Sie vom Omotesando-Bahnhof kommen. Dieser äußerst beliebte Stand verkauft Smoothies aus Bio-Obst und Bio-Gemüse. Wählen Sie zwischen Smoothies auf Wasser- oder auf Milch-/Sojabasis für einen echten Energieschub.

244 **KOMESHIRUNA**

Dieser mobile Verkaufsstand besitzt einen Holzfeuerofen, auf dem Reis und Eier gekocht werden und Fleisch gegrillt wird. Haben Sie schon mal Reis probiert, der auf dem Herd statt in einem elektrischen Reiskocher zubereitet wurde? Bestellen Sie dazu gegrilltes Schweinefleisch, schlicht gewürzt mit Salz und ein bisschen Zucker.

245 **PASADENA LUNCH WAGON**

Als der Besitzer dieses Trucks vor ein paar Jahren eine Rundreise durch die USA machte, verliebte er sich unsterblich in das amerikanische Grillhähnchen. Verwendet werden so viele lokale Zutaten wie möglich – zum Kochen, aber auch für den mit Biomasse angetriebenen Truck. Das Hähnchen ist selbst in kaltem Zustand immer noch schön saftig.

5 *spezielle*

FACHGESCHÄFTE

246 KIYA

2-2-1 Nihonbashi
Muromachi
Chuo-ku ⑧
+81 (0)3-3241-0110
kiya-hamono.co.jp

Das im 16. Jahrhundert eröffnete Geschäft verkauft hochwertige Messer und Scheren. Hier werden auch verschiedene Arten von Küchenmessern, von japanischen Exemplaren bis zu Schneiden aus Europa und China angeboten. Beliebt sind auch die Gartenscheren und Nagelknipser. Zudem können Sie hier Kiya-Produkte schärfen lassen.

247 OKUNO KARUTA

2-26 Kanda Jinbocho
Chiyoda-ku ⑨
+81 (0)3-3264-8031
okunokaruta.com

Dieser Laden hat sich auf japanische Spielkarten namens *karuta* spezialisiert. Das Wort *karuta* geht auf das portugiesische Wort *carta* zurück. Die Portugiesen hatten die Karten bereits in den Fünfzigerjahren des 16. Jahrhunderts nach Japan gebracht. Das Geschäft wurde 1921 eröffnet und verkauft eine große Auswahl an *karuta* und importierten Kartenspielen. Es werden darüber hinaus regelmäßig seltene *karuta*-Sets ausgestellt.

248 **KAMAWANU**

23-1 Sarugakucho
Shibuya-ku ②
+81 (0)3-3780-0182
kamawanu.co.jp

Dieses Geschäft verkauft *tenugui*, japanische Handtücher aus Baumwolle. Japaner können ohne *tenugui* ganz einfach nicht leben. Sie sind schnell trocknend, sodass man sie auch perfekt als Geschirrtuch einsetzen kann. Die Vielfalt und die modische Auswahl an verschiedensten Tüchern werden Sie überraschen.

249 **HAIBARA**

2-7-1 Nihonbashi
Chuo-ku ⑧
+81 (0)3-3272-3801
haibara.co.jp

Bereits 1806 wurde dieses Geschäft für *washi* (traditionelles japanisches Papier) eröffnet. Natürlich können Sie hier *washi* kaufen, aber Sie finden auch noch eine ganze Reihe von Produkten, die aus *washi* hergestellt werden wie etwa Postkarten, Briefpapier und Notizbücher. *Chiyogami* (gemustertes *washi*) ist so hübsch, dass man es sich auch in einem Bilderrahmen an die Wand hängen könnte.

250 **MATSUNEYA**

2-1-10 Asakusabashi
Taito-ku ⑮
+81 (0)3-3863-1301
matsuneya.jp

Ein Fachgeschäft für *sensu* (Faltfächer) und *uchiwa* (Fächer). Die Darsteller in den Theatern in Asakusa und die Teilnehmer von traditionellen Festivals lieben es, hier ihre Fächer zu kaufen. Wenn Sie lieber ein moderneres Design mit nach Hause nehmen möchten, halten Sie Ausschau nach der Marke Showohdo, vom jetzigen Geschäftsinhaber gegründet, der den Betrieb nun in der vierten Generation leitet.

5 spannende Läden für CDS und VINYL

251 **DISCLAND JARO**
26-6 Udagawacho
Shibuya-ku ①
+81 (0)3-3461-8256
music.geocities.jp/disclandjaro

Dieser Shop, der seit dem Jahr 1973 besteht, war seither ein Anlaufpunkt für Jazzmusik. In diesem winzigen, nur zehn Quadratmeter großen Raum finden Sie um die 8000 Schallplatten, überwiegend moderner Jazz, aber auch ein paar seltene Fundstücke. Leider ist keine Zahlung mit Kreditkarte möglich.

252 **DISK UNION SHIBUYA**
ANTENA21 BUILDING, 4. STOCK
30-7 Udagawacho
Shibuya-ku ①
+81 (0)3-3476-2627
diskunion.net

Der Laden hat eine umfangreiche Sammlung von gebrauchtem Vinyl und CDs, überwiegend Pop, Jazz und Klassik, die regelmäßig mit internationaler Rockmusik aus den Sechzigern und Siebzigern aufgestockt wird. Wenn Sie mehr auf Heavy Metal, Punk und Hard Rock stehen, dann begeben Sie sich in die fünfte Etage. Hier finden Sie das wahrscheinlich größte Angebot in ganz Tokio.

253 BONJOUR RECORDS

24-1 Sarugakucho
Shibuya-ku ②
+81 (0)3-5458-6020
bonjour.jp

Eines der Wahrzeichen im Viertel Daikanyama und einer der ersten Läden, der Musik mit Mode kombiniert. Hier finden Sie Schallplatten und CDs genauso wie Kleidung, darunter auch Teile aus der eigenen Kollektion. Im Erdgeschoss befindet sich ein Café. Ein wunderbarer Startpunkt, um anschließend das Viertel zu erkunden.

254 FACE RECORDS

10-2 Udagawacho
Shibuya-ku ①
+81 (0)3-3462-5696
facerecords.com

Wenn man dieses Geschäft von außen sieht, könnte man angesichts der Fassade glauben, es handele sich um eine Modeboutique. In Wahrheit ist dies aber ein Secondhand-Laden für gebrauchte LP- und Single-Schallplatten. Der Fokus liegt auf Jazz, Soul, Reggae und verschiedenen anderen Richtungen von World-Music. Wenn das Geschäft nicht zu voll ist, lassen Sie die freundlichen Verkäufer ein paar Platten probeauflegen.

255 JET SET TOKYO

2-33-12 #201 Kitazawa
Setagaya-ku ⑫
+81 (0)3-5452-2262
jetsetrecords.net

Ein Lieblingsgeschäft für Vinyl-Fans, denn hier werden Schallplatten unter einem eigenen Label produziert. Der beste Ort, um Vinyl-Schallplatten von japanischen Rockbands und Hip-Hop-Künstlern zu ergattern.

Die 5 besten

BUCHHANDLUNGEN

256 **AOYAMA BOOK CENTER**
COSMOS AOYAMA GARDEN FLOOR
5-53-67 Jingumae
Shibuya-ku ③
+81 (0)3-5485-5511
aoyamabc.jp

Der wahrscheinlich beste Laden, wenn Sie Bücher über Architektur, Fotografie und die Schönen Küste suchen. Das helle und luftige Geschäft punktet mit einer wirklich gemütlichen Atmosphäre, wo man gerne durch die Bücher und Magazine stöbert. Hier finden zudem kleinere Ausstellungen und Events statt.

257 **HMV & BOOKS SHIBUYA**
1-21-3 Jinnan
Shibuya-ku ①
+81 (0)3-5784-3270
hmv.co.jp

Das erste Geschäft von HMV befindet sich in den Stockwerken 5, 6 und 7 des Shibuya MODI-Gebäudes im Herzen von Shibuya. Auf jeder Etage gibt es einen Event-Space, wo jedes Jahr um die 1000 Veranstaltungen wie Livekonzerte und Talk-Shows veranstaltet werden. Erwähnenswert ist auch die Auswahl an Büchern der Subkultur.

258 MORIOKA SHOTEN

SUZUKI BUILDING, 1. STOCK
1-28-15 Ginza
Chuo-ku ⑧
+81 (0)3-3535-5020
takram.com

Dieses Buchgeschäft verkauft tatsächlich nur einen einzigen Buchtitel pro Woche. Das Buch wird zum Verkauf ausgestellt, und drumherum gibt es jede Menge Artikel, die damit in Zusammenhang stehen. Nicht selten wird auch der Autor des Buches der Woche eingeladen. Ein wenig wie ein Literatursalon, wo Autoren, Lektoren und Leser eines bestimmten Buches aufeinandertreffen.

259 VILLAGE VANGUARD

2-10-5 Kitazawa
Setagaya-ku ⑫
+81 (0)3-3460-6145
village-v.co.jp

Eine Buchladenkette, die bei Kreativen und Fans der Subkultur sehr beliebt ist und die Bücher und Zeitschriften sowie Produkte verkauft, die in Zeitschriften erwähnt werden. Doch Vorsicht: Sobald Sie einmal über die Schwelle treten, werden Sie nur schwer wieder herauskommen. Es besteht die Gefahr, dass Sie Ihr Reisebudget sprengen werden!

260 DAIKANYAMA TSUTAYA BOOKS

17-5 Sarugakucho,
Shibuya-ku ②
+81 (0)3-3770-2525
real.tsite.jp/daikanyama

Mit ihrer Daikanyama T-Site, einer neuen Art von Kulturkomplex, erschuf das Team hinter Tsutaya das Konzept eines »Kulturkaufhauses«: die perfekte Anlaufstelle für Bücher, Filme und Musik und ein Laden, in dem man, ohne es zu merken, mehrere Stunden verbringen kann.

260 DAIKANYAMA TSUTAYA BOOKS

5 Geschäfte für SCHREIBWAREN

261 **ITO-YA**
2-7-15 Ginza
Chuo-ku ⑧
+81 (0)3-3561-8311
ito-ya.co.jp

Ito-ya, 1904 eröffnet, ist ein alteingesessenes Schreibwarengeschäft, das 2015 nach Renovierungsarbeiten wiedereröffnet hat. Die Kaffeebar im Erdgeschoss serviert Kaffee ab 8 Uhr morgens. In der Write-&-Post-Abteilung in der zweiten Etage können Sie Postkarten kaufen und schreiben (Sie können sich zur Not einen Stift ausleihen). Es gibt sogar einen Briefkasten!

262 **LOFT**
21-1 Udagawacho
Shibuya-ku ①
+81 (0)3-3462-3807
loft.co.jp

Hier wird eine große Auswahl von Produkten verkauft, darunter Schreibwaren, Küchenutensilien und Inneneinrichtung, doch besonders beliebt sind die Tagebücher und Stifte. Von schlicht-praktischen zu süß illustrierten Büchern, die für alle Generationen interessant sein dürften.

263 **MARUZEN IKEBUKURO**
FUJIKYU EAST NO.5 BUILDING
2-25-5 Minami-Ikebukuro
Toshima-ku ⑪
+81 (0)3-5962-0870
maruzenjunkudo.co.jp

Dieses 2017 eröffnete Geschäft ist wohl das größte Schreibwarengeschäft in ganz Tokio. Kurioserweise gibt es im Erdgeschoss die Stirnseite von zwei Eisenbahnen (die nichts mit Schreibwaren zu tun haben). Der beste Laden, wenn Sie einen neuen Füllfederhalter kaufen möchten.

264 **MISUZUDO**

2. Stock
3-18-3 Kanda Nishikicho
Chiyoda-ku ⑨
+81 (0)3-5282-3265
misuzudo-b.com

Im zweiten Stock im Showroom der größten Papierversandfirma Tokios gelegen. Hier erhält man Original-Notizbücher in verschiedenen Größen sowie handgefertigte Postkarten. Man kann auch Bücher binden lassen oder an einem eintägigen Buchbindekurs teilnehmen. Gerätschaften und Werkzeuge zum Buchbinden sind ebenfalls hier erhältlich.

265 **GEKKOSO**

8-7-2 Ginza
Chuo-ku ⑧
+81 (0)3-3572-5605
gekkoso.jp

Ein Künstlerbedarfshandel, der 1917 eröffnet wurde und Originalfarben (Ölfarben, Wasserfarben und Gouache) verkauft sowie alle Werkzeuge, die man zum Malen benötigt. Jedes Produkt trägt sein Horn-Logo. Die Eigenmarkenprodukte wie Federmäppchen und Notizbücher sind sehr begehrt.

264 **MISUZUDO**

5 **SCHREIBWAREN-ARTIKEL**, *die Sie in Japan kaufen sollten*

266 **FRIXION-STIFTE**

Dies sind löschbare Tintenrollerstifte, in 24 Farben erhältlich und mit verschiedenen Kugeldurchmessern zur Auswahl. Außerdem gibt es von der Firma Highlighter Filzstifte und Stempel zu kaufen. Ebenfalls erwähnenswert ist die professionelle Produktlinie für Geschäftsleute. Seit der Einführung von FriXion brauchen Schulkinder in Japan keine Korrekturflüssigkeiten mehr.

267 **DECORESE-STIFTE**

Tintenrollerstifte mit einem flüssigfarbenen Aussehen und einer ebensolchen Textur – das alles wirkt ein bisschen wie 3D. Sie kommen in transparenten Farben und Pastellfarben und können nicht nur auf Papier, sondern auch auf Plastik, Glas und Metall verwendet werden. Auch für Nagelkunst sind die Stifte geeignet.

268 DRUCKBLEISTIFT

Haben Sie nicht auch schon mal von einem Druckbleistift geträumt, bei dem die Mine niemals bricht, und wo man nicht den Stift schütteln muss, damit die Mine in die richtige Position rutscht? Diesen gibt es wirklich! Es gibt sogar ein Modell, bei dem die Mine beim Schreiben rotiert, sodass sie sich selbst schärft. Japanische Bleistifte haben eine Menge Hightech in sich.

269 COPIC-MARKER

Die Copic-Serie besteht aus alkoholbasierten Markern, die besonders gern von kreativen Leuten wie Illustratoren und Architekten verwendet werden. Wenn Sie diese Stifte noch nicht kennen, kaufen Sie am besten das Copic-Chao-Set mit 36 Farben. Später können Sie dann weitere Farben hinzukaufen – insgesamt gibt es 180.

270 ABDECKBAND

Die Japaner lieben Abdeckband, das sie gern als Alternative zu Tesafilm verwenden, aber es gibt noch viele weitere Anwendungsmöglichkeiten. Sie können damit eine Karte dekorieren, ein Stück Papier in Ihr Tagebuch kleben, und so weiter. Einige Museumsshops verkaufen sogar Spezialausgaben mit Motiven der jeweiligen Sonderausstellung.

Die 5 besten 100- *und* 300-YEN-GESCHÄFTE

271 **DAISO HARAJUKU**
1-19-24 Jingumae
Shibuya-ku ③
+81 (0)3-5775-9641
daiso-sangyo.co.jp

Der größte Daiso-Shop in Tokio. Wenn Sie sich noch nicht so gut mit dem 100-Yen-Konzept auskennen, dann beginnen Sie am besten hier. Bei Daiso Harajuku finden gerade Touristen aus dem Ausland eine Vielzahl von Geschenkideen. Angeblich stehen oftmals Talentsucher der Unterhaltungsbranche vor den Türen, um nach neuen Talenten Ausschau zu halten.

272 **SERIA**
17DIXSEPT, 3. STOCK
17-6 Daikanyamacho
Shibuya-ku ②
+81 (0)3-6416-1403
seria-group.com

Wie der Daiso-Shop in Harajuku befindet sich auch der Seria-Laden im Herzen von Daikanyama, einem der modischsten Viertel von Tokio. Hier erhält man eine gute Auswahl an Artikeln für die ganze Familie. Nach dem Stöbern können Sie noch in der Umgebung in einem der vielen Cafés ein Tässchen Kaffee trinken.

273 **CANDO**
SEIBU SHINJUKU PEPE, 8. STOCK
1-30-1 Kabukicho
Shinjuku-ku ⑦
+81 (0)3-3202-1160
cando-web.co.jp

Der größte Cando-Laden in Tokio und der umfangreichste 100-Yen-Laden in Shinjuku. Das Gebäude ist direkt an den Shinjuku-Bahnhof angeschlossen und verfügt über eine direkte Anbindung an die Seibu-Shinjuku-Linie. Der JR-Bahnhof Shinjuku ist nur wenige Minuten zu Fuß entfernt. Sie finden auch eine gute Auswahl an Schreibwaren.

274 **3COINS LUMINE EST SHINJUKU**
LUMINE EST, 3. STOCK
3-38-1 Shinjuku
Shinjuku-ku ⑦
+81 (0)3-5363-0312
3coins.jp

Hier kostet jeder Artikel weniger als 300 Yen (plus Mehrwertsteuer). Einige Leute behaupten, dass die Auslage etwas niedlicher ist als die Artikel in den 100-Yen-Läden. Die Accessoires wie Taschen, Haarklammern und Ohrringe lassen kaum erahnen, dass sie eigentlich nur 300 Yen kosten. Es gibt zudem eine große Auswahl an nützlichen Küchenutensilien.

275 **COUCOU**
2-11-6 Jiyugaoka
Meguro-ku ⑬
+81 (0)3 6421 1358
coucou.co.jp

Ein weiterer 300-Yen-Shop, der besonders bei Teenagern sehr beliebt ist, die sich gern auf die Originale in diesem Geschäft stürzen. Wie zum Beispiel die Öko-Schultertaschen, die sich wie warme Semmeln verkaufen und die gerade für Fahrradfahrer eine schöne Geschenkidee sind. Die originalen Küchengeräte lohnen ebenfalls einen zweiten Blick.

284 ASAKUSA KULTUR- UND TOURISTENZENTRUM

15 BEMERKENSWERTE GEBÄUDE

5 *Gebäude,*
DIE MAN GESEHEN HABEN MUSS

276 **NAKAGIN CAPSULE TOWER**
8-16-10 Ginza
Chuo-ku ⑧

Von einem der schillerndsten Architekten des 20. Jahrhunderts, Kisho Kurokawa, entworfen, wurde dieses Gebäude mit 140 Modulen 1972 erbaut. Das Design ist stellvertretend für die Arbeiten der japanischen Metabolisten, die in ihrer Kunst versuchen, lebende Zellen nachzuahmen.

277 **RYOTEI**
KIYOSUMI-PARK
3-3-9 Kiyosumi
Koto-ku ⑮
+81 (0)3-3461-5982

Ein Bau im *Sukiya-zukuri*-Stil, inspiriert von einem Teehaus aus dem Jahr 1909, das für die Inspektionsreise des britischen Militärführers Horatio Herbert Kitchener erbaut wurde. Der Kiyosumi-Park ist ein führendes Beispiel moderner japanischer Gartenbaukunst, und dieser *Ryotei* ist ein wichtiger Bestandteil der Anlage.

278 **JIYUGAKUEN MYONICHIKAN**
2-31-3 Nishi-Ikebukuro
Toshima-ku ⑪
+81 (0)3-3971-7535
jiyu.jp

Dieses ehemalige Schulgebäude wurde 1921 vom US-Architekten Frank Lloyd Wright entworfen. Er erhielt den Auftrag, als er sich gerade für den Bau des Imperial Hotels in Japan befand. Der Bau gilt als kulturelles Eigentum von nationaler Bedeutung und ist neben dem Imperial Hotel das wichtigste Bauwerk Wrights in Japan.

279 **SHIZUOKA SHIMNUN AND SHIZUOKA BROADCASTING SYSTEM BUILDING**

8-3-7 Ginza
Chuo-ku ⑧

Dieses Gebäude ist das Tokio-Büro der regionalen Zeitungs- und Broadcastingfirmen der Präfektur Shizuoka. Es wurde 1967 von Kenzo Tange entworfen. Das Design orientiert sich an der Schule der Metabolisten. Einen guten Blick auf den Bau hat man vom Bahnsteig des JR-Bahnhofs Shimbashi und von der Yamanote-Bahnlinie.

280 **KATHEDRALE ST. MARIEN**

3-16-15 Skiguchi
Bunkyo-ku ⑪
+81 (0)3-3945-0126
cathedral-sekiguchi.jp

Die Kathedrale wurde ebenfalls von Kenzo Tange konzipiert. Nachdem das ursprüngliche Gotteshaus im Zweiten Weltkrieg abgebrannt war, wurde es 1964 mit Unterstützung der Kölner Kirchen wieder aufgebaut. Von außen sieht sie zwar gar nicht wie ein Kirchenbauwerk aus, doch wenn man das Gebäude von oben betrachtet, erkennt man den kreuzförmigen Grundriss.

280 **KATHEDRALE ST. MARIEN**

5 tolle Beispiele

MODERNER ARCHITEKTUR

281 **PRADA**
5-2-6 Minami-Aoyama
Minato-Ku ④
+81 (0)3-6418-0400
prada.com

Designt vom Schweizer Architektenteam Herzog & de Meuron, hebt sich dieses Gebäude komplett von den Edelboutiquen der Nachbarschaft ab. Werfen Sie auch einen Blick ins Innere. Durch die rhombusförmigen Muster der Fassade können Sie auch den Laden von Miu Miu sehen – ebenfalls von Herzog & de Meuron.

282 **MAISON HERMÈS**
5-4-1 Ginza
Chuo-ku ⑧
+81 (0)3-3569-3300
maisonhermes.jp

Der Bau von Renzo Piano ist das Hauptquartier von Hermès Japon. Tagsüber scheint das Sonnenlicht durch die Glasfassade, nachts wird dieselbe Fassade von innen beleuchtet. Das Forum im achten Stock ist Veranstaltungsort für zeitgenössische Kunstausstellungen.

283 **THE ICEBERG**
6-12-18 Jingumae
Shibuya-ku ③

Entworfen von Creative Designers International, einem in Tokio ansässigen Ableger des britischen Architekten Benjamin Warner. Das Konzept bildet ein »Kristall, der in ein urbanes Umfeld geworfen wurde«. Da die gesamte Oberfläche einen blau schimmernden Metallüberzug hat, erinnert das Bauwerk an einen Eisberg.

284 ASAKUSA KULTUR- UND TOURISTENZENTRUM

2-18-9 Kaminarimon
Taito-ku ⑩
+81 (0)3-3842-5566
city.taito.lg.jp

Vom bekannten japanischen Architekten Kengo Kuma designt, sieht das Gebäude aus wie sieben aufeinandergeschichtete Holzhäuser. Trotz seines modernen Erscheinungsbildes fügt es sich sehr harmonisch in die Umgebung ein. Im achten Stock befindet sich eine Aussichtsterrasse.

285 AOYAMA FACHHOCHSCHULE

7-9 Uguisudanicho
Shibuya-ku ①
+81 (0)3-3463-0901
aoyamaseizu.ac.jp

An dieser Fachhochschule wird Architektur und Design gelehrt. Das Gebäude Nr. 1 wurde von Makoto Sei Watanabe/Architect's Office entworfen und hat 1988 einen internationalen Architekturwettbewerb gewonnen. Manchmal bezeichnet man es auch als »Gundam-Bau«, da es mit seinem Design an eine Anime-Serie erinnert.

281 PRADA

5 Bauwerke von
TADAO ANDŌ

286 **21_21 DESIGN SIGHT**
9-7-6 Akasaka
Minato-ku ⑤
+81 (0)3-3475-2121
2121designsight.jp

Hier können Besucher ihr Verständnis von Design erweitern. Das Museum befindet sich im Midtown Garden direkt neben dem Hinokicho-Park. Ein Besuch wird Sie sicher inspirieren, und im Frühjahr verzücken blühende Kirschbäume die Besucher.

287 **OMOTESANDO HILLS**
4-12-10 Jingumae
Shibuya-ku ③
+81 (0)3-3497-0310
omotesandohills.com

Von außen sieht dieses Bauwerk keineswegs ungewöhnlich aus. Doch schon beim Betreten des Gebäudes wird Sie der Anblick der spiralförmigen Rampe überwältigen. Das Einkaufszentrum wurde auf einem keilförmigen Grundstück erbaut, was von Andō als besondere Herausforderung verstanden wurde.

288 **LA COLLEZIONE**
6-1-3 Minami-Aoyama
Minato-ku ④
+81 (0)3-5468-1825
lacollezione.net

Das 1989 erbaute Ensemble besteht aus drei Würfeln und einem runden Zylinder. Beim Begehen des Gebäudes wähnen Sie sich vielleicht in einem Labyrinth, aber die Menge an Tageslicht, die ins Innere einfällt, ist atemberaubend. La Collezione ist eine Mehrzweckhalle, die für Pressekonferenzen und Veranstaltungen gebucht werden kann.

289 **TOKYO ART MUSEUM**
1-25-1 Sengawa-cho
Chofu-shi
+81 (0)3-3305-8686
tokyoartmuseum.com

Dieses Museum widmet sich den Schönen Künsten, Design und Architektur und wurde 2004 als Teil eines urbanen Planungsprojekts in Sengawa eröffnet. Das Viertel, etwa fünf Gehminuten vom Bahnhof entfernt, ist als »Sengawa Andō Street« bekannt und ein Hotspot für zahlreiche von Andō entworfene Bauten.

290 **BANK GALLERY**
6-14-5 Jingumae
Shibuya-ku ③
+81 (0)3-6427-5834
bank-gallery.com

Das Gebäude befindet sich in der »Katzenstraße«, einer Einkaufsmeile in Harajuku. Die ungewöhnliche Form sorgt dafür, dass es aus dem Straßenbild heraussticht. Ursprünglich erbaut als Giorgio Armanis Showroom für Innendesign, wird es heute als Veranstaltungszentrum genutzt, wo vor allem Kunstausstellungen stattfinden.

286 **21_21 DESIGN SIGHT**

45 ORTE ZUM ENTDECKEN IN TOKIO

5 Orte für Fans von
HARUKI MURAKAMI

291 **AOYAMA**
Minato-ku

Aoyama ist zweifellos das Viertel, das am meisten mit dem Schriftsteller in Verbindung gebracht wird, denn es wird in seinem literarischen Werk immer wieder erwähnt. So auch in einer Kurzgeschichte in seinem Sammelband *»Von Männern, die keine Frauen haben«*.

292 **SENDAGAYA/GAIENMAE**
Shibuya-ku/
Minato-ku ④

Wenn Sie eher vertraut sind mit den Essays, Interviews und Artikeln über sein Leben als mit dem eigentlichen Werk, dann wissen Sie vielleicht, dass Murakami ein großer Unterstützer des japanischen Baseballteams Yakut Swallows ist. Das Heimatstadion der Swallows befindet sich in diesem Stadtviertel, und Murakami ist ab und zu bei einem der Heimspiele dabei. Peter Cat, die Jazz-Bar, die er einst führte, liegt ebenfalls nicht weit entfernt.

293 **YOTSUYA SANCHOME**
Shinjuku-ku

In seinem letzten Roman *»Kishidancho Goroshi« (»Die Ermordung des Commendatore«)* besucht der Protagonist einige Male diesen Teil der Stadt, da hier seine Ex-Frau arbeitet. Gehen Sie circa zehn bis fünfzehn Minuten bis nach Yotsuya, wo in *»Naokos Lächeln«* Toru und Naoko einen Spaziergang unternehmen.

294 **KOKUBUNJI**
Kokubunji-shi

Als der Autor noch an der Universität war, eröffnete er hier in diesem Viertel mit seiner Frau Yoko eine Jazz-Bar namens Peter Cat. Auch wenn sie seitdem renoviert wurde, gibt es hier immer noch eine Wohnung namens Maison Keyako, wo Murakami einst lebte. Wahrscheinlich hätte er sich damals kaum erträumen können, dass er einmal so berühmt sein würde wie heute.

295 **HIROO**
Shibuya-ku/Minato-ku

Aomame, die Protagonistin im Roman *»1Q84«*, arbeitet in diesem Quartier in einem teuren Sportklub. Das Stadtviertel wird auch in *»Drive my Car«* erwähnt, einer der Kurzgeschichten in *»Von Männern, die keine Frauen haben«*. Folgen Sie den Schritten Aomames in Richtung »Weidenvilla« oder fahren Sie ein Auto so wie die Fahrerin in der Geschichte.

5 Areale mit SKULPTUREN UNTER FREIEM HIMMEL

296 **ROPPONGI HILLS**
6-10-1 Roppongi
Minato-ku ⑥
+81 (0)3-6406-6000
roppongihills.com

Hier gibt es gleich mehrere öffentliche Kunstwerke zu bestaunen: Sechs davon werden vom Mori-Kunstmuseum ausgestellt, drei wurden vom Architekten Fumihiko Maki ausgewählt. Die acht Meter große Rose der deutschen Bildhauerin Isa Genzken sowie die Skulptur *Maman* der französischen Künstlerin Louise Bourgeois lohnen auf jeden Fall einen Blick.

297 **TOKYO MIDTOWN**
9-7-1 Akasaka
Minato-ku ⑤
+81 (0)3-3475-3100
www.tokyo-midtown.com

Kunstkritiker Toshio Shimizu und Kurator Jean-Hubert Martin haben Werke aus aller Welt durchforstet. Eine dieser Arbeiten namens *Myomu* des Künstlers Kan Yasuda begrüßt Sie auf der Fläche zwischen Midtown East und West. Im Inneren des Gebäudes befinden sich weitere Kunstwerke.

298 **TOKYO INTERNATIONAL FORUM**
3-5-1 Marunouchi
Chiyoda-ku ⑧
+81 (0)3-5221-9000
www.t-i-forum.co.jp

Auf dem Gelände gibt es eine Arbeit namens *Ishinki*, erschaffen von Kan Yasuda. Von ihm stammen mehrere Kunstwerke mit diesem Namen. Ein weiteres findet man im Gebäudekomplex Tokyo Midtown. Zwischen den geometrischen Gebäuden ist dieses Objekt kaum zu übersehen.

299 STRASSENGALERIE IN MARUNOUCHI

Marunouchi Naka-dori
Chiyoda-ku ⑧

Auf der Marunouchi-Naka-Dori-Straße erkennt man gleich mehrere Skulpturen zwischen dem Tokyo International Forum und der Metrostation Otemachi. Auch rund um das Mitsubishi-Ichigokan-Museum sind einige Skulpturen zu sehen, die es immer wieder schaffen, ein Lächeln auf die Gesichter der Passanten zu zaubern.

300 FUCHUNOMORI-PARK

1-3-1 Sengencho
Fuchu-shi
+81 (0)42-364-8021

In diesem Park finden Sie eine Vielzahl von Skulpturen, ganz besonders rund ums Fuchu-Kunstmuseum. Die meisten stammen von berühmten japanischen Bildhauern wie Yasutake Funakoshi und Churyo Sato. Halten Sie auch Ausschau nach *Jackass and Elephant*, eine Arbeit des britischen Bildhauers Bally Flanagan.

299 STRASSENGALERIE IN MARUNOUCHI

5 wunderschöne
GÄRTEN

301 RIKUGI-EN

6-16-3 Hon-Komagome
Bunkyo-ku ⑩
+81 (0)3-3941-2222

Einer der besten Orte, um Trauerkirschen zu sehen. Jedes Jahr Ende März ziehen die faszinierenden Blüten riesige Menschenmengen an. Wenn Sie Ende November vorbeischauen, können Sie sich vom strahlend roten Herbstlaub verzaubern lassen.

302 HAPPO-EN

1-1-1 Shirokanedai
Minato-ku ⑭
+81 (0)3-3443-3111
happo-en.com

Das Happo-en wird häufig für Hochzeitszeremonien gebucht. Aber auch der Garten kann besucht werden. Hier steht ein Teehaus, wo Sie eine Tasse *matcha* mit einer saisonalen japanischen Süßigkeit bestellen können. Ein Teil des Gebäudes wurde angeblich als Modell für Hayao Miyazakis *»Chihiros Reise ins Zauberland«* verwendet.

303 HAMARIKYU-PARK

1-1 Hamarikyu Teien
Chuo-ku ⑮
+81 (0)3-3541-0200

Einer der Gärten gehörte während der Edo-Periode einem Feudalherrn. Er zählt heute zu den kulturellen Stätten mit historischer Bedeutung in Japan und besticht durch seine außergewöhnliche Schönheit. Das Wasser, das durch den Garten fließt, stammt direkt aus dem Meer. Mit etwas Glück sieht man Quallen und andere Meeresbewohner unter der Oberfläche.

304 HANAHATA KINEN TEIEN

4-40-1 Hanahata
Adachi-ku

Dieser Garten wurde angelegt, um Besuchern die traditionelle japanische Kultur nahezubringen. Die Räume im Oukatei, dem Gebäude im Inneren des Gartens, können für Hochzeiten, Ikebana und andere Zwecke angemietet werden. Das Gelände ist mehr als 9000 Quadratmeter groß und erinnert ein wenig an eine Burg aus der Edo-Periode.

305 NATIONALGARTEN SHINJUKU GYOEN

11 Naitomachi
Shinjuku-ku ⑦
+81 (0)3-3350-0151
env.go.jp/garden/shinjuku gyoen

Ein Ort, wo man das ganze Jahr hindurch Blumen sieht, inklusive der Kirschblüten im Frühjahr, Kreppmyrten im Sommer, rotgoldenem Laub im Herbst und Pflaumenblüten im Winter. Für den kleinen Hunger zwischendurch gibt es im Garten ein Restaurant und ein Teehaus. In keinem von beiden ist Alkohol erhältlich, das Trinken von Alkohol ist im Garten nicht gestattet.

305 NATIONALGARTEN SHINJUKU GYOEN

5 KOSTENLOSE AUSSICHTSPUNKTE

306 **AUSSICHTSTERRASSEN DES TOKYO METROPOLITAN GOVERNMENT BUILDING**

2-8-1 Nishi-Shinjuku
Shinjuku-ku ⑦
+81 (0)3-5320-7890
metro.tokyo.jp

Dieser Aussichtspunkt befindet sich im 45. Stock des Tokyo Metropolitan Government Building. Er öffnet am Wochenende, wenn die Büros geschlossen sind. Ein toller Ort, um aus 202 Metern Höhe einen uneingeschränkten Blick auf Tokio zu genießen. Ein Aufzug fährt die Besucher vom Erdgeschoss direkt bis zum Aussichtspunkt.

307 **YEBISU GARDEN PLACE TOWER SKY LOUNGE**

4-20 Ebisu
Shibuya-ku ②
+81 (0)3-5423-7111
gardenplace.jp

Der Yebisu Garden Place, ein Komplex aus Geschäftsgebäuden, die sich auf dem Gelände einer ehemaligen Brauerei befinden, lockt mit diesem Aussichtspunkt. Die Lounge befindet sich im 38. und 39. Stock. An guten Tagen kann man bis zum Bergstock des Fuji schauen.

308 **HIKARIE**

2-21-1 Shibuya
Shibuya-ku ①
+81 (0)3-5468-5892
hikarie.jp.e.ui.hp.transer.com

Das Hikarie liegt in einem der geschäftigsten Viertel von Tokio, in Shibuya. Hier gibt es keine offizielle Aussichtsterrasse, aber Sie können die vollverglasten öffentlichen Bereiche im 11. Stock besuchen. Von hier präsentiert sich der Stadtteil Shibuya wie ein riesiges Diorama. Bis Mitternacht geöffnet.

309 BÜRGERZENTRUM IN BUNKYO

1-16-21 Kasuga
Bunkyo-ku ⑩
+81 (0)3-5803-1162

Dieses Gebäude gehört der Gemeinde in Bunkyo. An einem schönen Tag können Sie von hier die Wolkenkratzer in Shinjuku sowie die Bergmassive des Tsukuba und Fuji sehen. Im selben Gebäude befinden sich ein Restaurant, ein Café und eine Konzerthalle.

310 CARROT TOWER

4-1-1 Taishido
Setagaya-ku ⑬

Dieser kostenlose Aussichtspunkt befindet sich im 26. Stock eines Hochhauses, das Sie über den Bahnhof Sangenjaya betreten können. Das Gebäude ist bis 23 Uhr geöffnet und besitzt auf der selben Etage ein Restaurant, wo Sie mit Panoramablick zu Abend essen können.

306 AUSSICHTSTERRASSEN DES TOKYO METROPOLITAN GOVERNMENT BUILDING

5

SAKE-BRAUEREIEN,

die man besuchen sollte

311 **KOYAMA SHUZO**
26-10 Iwabuchimachi
Kita-ku
+81 (0)3-3902-3451
koyamashuzo.co.jp

Die 1879 gegründete *sakagura* (Sake-Brauerei) ist die einzig verbliebene in Tokios 23 Innenstadt-Bezirken. Viele Sake-Brauereien liegen in entlegenen Bergdörfern, da sauberes Wasser ein wichtiger Bestandteil ist. Ihre bekannteste Marke, Marushin Masamune, ist ein trockener Sake, der gut zu verschiedensten Gerichten passt.

312 **TOSHIMAYA SHUZO**
3-14-10 Kumegawacho
Higashimurayama-shi
+81 (0)42-391-0601
toshimayasyuzou.co.jp

Hier wurde schon während der Edo-Periode um 1596 Sake gebraut. Ihr bekanntester Sake, Kinkon (»Goldene Hochzeit«), wurde zum Silbernen Hochzeitsjubiläum des Meiji-Kaisers auf den Markt gebracht. Sie erhalten Kinkon und andere Sake-Sorten in ihrem Geschäft in Ochanomizu.

313 **ISHIKAWA SHUZO**
1 Kumagawa
Fussa-shi
+81 (0)42-553-0100
tamajiman.co.jp

Dieser Ort bezeichnet sich selbst als »Freizeitpark für Sake-Liebhaber«. Auf einer Tour (auch englischsprachig) kann man mehr über den Prozess des Sake-Brauens und über die Gebäude erfahren, die teilweise unter Denkmalschutz stehen. Vergessen Sie nicht, auch den Sake namens Tamajiman zu kosten.

314 OZAWA SHUZO

2-770 Sawai
Ome-shi
+81 (0)42-878-8215
sawanoi-sake.com

Hier wird seit 1702 Sake gebraut. Die größte Marke dieser Brauerei, Sawanoi, ist in Japan sehr bekannt. Bei einer Brauereitour können Sie diesen dann auch mal probieren. Oder Sie besuchen eines der Restaurants vor Ort. Es gibt sogar einen Grillplatz hier

315 TAMURA SHUZOJO

626 Fussa
Fussa-shi
+81 (0)42-551-0003
seishu-kasen.com

Die Familie Tamura lebt bereits seit über 400 Jahren in dieser Gegend. 1822 begann der neunte Kopf der Familie, seinen eigenen Sake zu brauen. Neben ihrer bekanntesten Marke Kasen wird auch noch ein Sake namens Tamura hergestellt, der vom derzeitigen Oberhaupt der Familie entwickelt wurde. Einige Teile des Brauereigeländes sind als Kulturgut geschützt.

313 ISHIKAWA SHUZO

5 *Orte, wo man die* HOHE BEVÖLKERUNGS-DICHTE TOKIOS *spüren kann*

316 **ALLE-GEHEN-KREUZUNG IN SHIBUYA**
Shibuya-ku ①

Jeder erreicht früher oder später diesen Punkt in Tokio. Geschätzte 500 000 Menschen nutzen diese Kreuzung jeden Tag. Der Blick vom Starbucks auf der zweiten Etage des Shibuya Tsutaya, der die Kreuzung überblickt, ist einfach unvergesslich.

317 **BAHNHOF SHINJUKU**
Shinjuku-ku/Shibuya-ku ⑦

Der geschäftigste Bahnhof der Welt, den pro Tag um die 760 000 Menschen durchlaufen. JR, die Tokyo Metro, Toei Subway, Odakyu und Keiko halten alle hier. Zwei weitere Bahnhöfe, Shinjuku Sanchome und Seibu Shinjuku, sind nur wenige Gehminuten entfernt. Kein Wunder, dass diese Gegend so voller Leute ist.

318 **BAHNHOF IKEBUKURO**
Toshima-ku ⑪

Ikebukuro ist der zweitgeschäftigste Bahnhof der Welt. Das große Sunshine Einkaufszentrum bietet ein Aquarium, ein Planetarium, ein Theater und ein Museum. Die Freizeitparks Nanja Town und J World Tokyo, beide im Besitz von Namco, befinden sich ebenfalls in der Nähe, was das hohe Menschenaufkommen erklärt.

319 TOZAI-LINIE DER TOKYO METRO

Die Nutzungsrate um 8 Uhr morgens zwischen Kiba und Monzennakacho beträgt atemberaubende 200 %. Es ist schwer zu erklären, wie sich so etwas anfühlt, aber stellen Sie sich vor, Sie wären in einer total überfüllten U-Bahn mit so vielen Leuten um sich herum, dass Sie kaum den Bildschirm Ihres Handys sehen können. Die meisten Fahrgäste sind schon vor Ankunft im Büro erschöpft.

320 JR-LINIE NACH SOBU

Während des Morgenverkehrs beträgt die Nutzungsrate zwischen Kinshicho und Ryogkoku beinahe 200 %.Viele Leute fahren daher viel früher zur Arbeit, damit sie einen Sitz ergattern können. Davon abgesehen, ist die Linie eigentlich immer ziemlich gut ausgelastet.

316 ALLE-GEHEN-KREUZUNG IN SHIBUYA

5 *Plätze, von wo aus man den*
FUJI SEHEN KANN

321 **TAMAGAWA SENGEN-SCHREIN**
1-55-12 Denen Chofu
Ota-ku ⑭
+81 (0)3-3721-4050
sengenjinja.info

Der Sengen-Schrein wurde vor mehr als 800 Jahren während der Kamakura-Periode erbaut. Dieser historische Schrein ist dem Berg Fuji und ganz besonders den Berggeistern gewidmet. Er befindet sich auf einem alten Begräbnishügel und ist ein toller Ort, um an einem sonnigen Tag die herrliche Landschaft zu bestaunen.

322 **FUJIMI-BRÜCKE**
Setagaya-ku ⑫

Viele Leute besuchen diese Brücke in Seijo Gakuen Anfang Februar, um den »Diamant-Fuji« zu sehen. Dieses atemberaubende Naturschauspiel ereignet sich, wenn sich die Sonne mit dem Gipfel des Fuji während des Sonnenauf- oder Sonnenuntergangs überdeckt, was den Berg strahlend hell wie ein Diamant aufleuchten lässt.

323 **PASSAGIERTERMINAL DES INTERNATIONALEN FLUGHAFENS HANEDA**
2-6-5 Haneda Kuko
Ota-ku ⑭
+81 (0)3-6428-0888
haneda-airport.jp/inter

Nicht nur bei Flugzeugfans ist die Aussichtsterrasse des Airports beliebt, denn von hier hat man auch einen tollen Blick auf den Fuji. Eigentlich sollte man den Berg von überall aus in Tokio sehen können, aber oft versperren hohe Gebäude die Sicht. Der Blick vom Terminal 1 ist ebenfalls gut.

324 RAINBOW BRIDGE

Minato-ku ⑭⑮

Diese 789 Meter lange Brücke wurde 1993 eröffnet, um die Stadtteile Shibaura und Odaiba miteinander zu verbinden. Sie können die Brücke mit dem Auto überqueren oder den Yurikamome nutzen, einen fahrerlosen Transitservice. Es gibt zudem einen Fußweg, wo Sie oft Leute mit Stativ antreffen, die versuchen, das perfekte Bild vom Fuji einzufangen.

325 FUJIMI-TERRASSE

BAHNHOF HIGASHI KURUME

1-8 Higashi-Honcho
Higashikurume-shi

Vielleicht sind Ihnen schon einige Orte begegnet, die »Fujimi« heißen. Die grobe Übersetzung lautet »Fujiblick«, das heißt, dass Orte mit dieser Bezeichnung ein guter Aussichtspunkt auf den Berg sind oder es einmal waren. Der Blick von dieser Terrasse zählt zu den 100 besten Aussichtspunkten auf den Fuji in Kanto.

324 BLICK AUF DEN FUJI VON DER RAINBOW BRIDGE

Die 5 einladendsten
HEISSEN QUELLEN

326 **MIYAGIYU**
2-18-11 Nishi-Shinagawa
Shinagawa-ku ⑭
+81 (0)3-3491-4856
miyagiyu.co.jp

Ein Badehaus an einer natürlichen heißen Quelle bei Shinagawa gelegen. Diese heiße Quelle enthält Kieselsäure, die gut für die Haut sein soll. Eines der zwei Bäder befindet sich auf dem Dach, sodass man beim Baden die Sterne sehen und vor sich hin träumen kann. Das Wasser in den Frauen- und Männerbecken wird wöchentlich ausgetauscht.

327 **MYOJIN-NO-YU**
1-18-1 Oyata
Adachi-ku
+81 (0)3-5613-2683
myoujin-no-yu.com

In diesem *onsen* gibt es verschiedene Bäder, eine Sauna, einen Massagesalon und ein Restaurant (was »Super-Sento« genannt wird). Das größte Bad hat einen hohen Anteil an Eisen und Mineralien und soll bei der Therapie von Hautbeschwerden helfen. Badetücher und kleinere Handtücher können ausgeliehen werden.

328 **JAKOTSUYU**
1-11-11 Asakusa
Taito-ku ⑩
+81 (0)3-3841-8645
jakotsuyu.co.jp

Das im Herzen von Asakusa bei Senso-ji gelegene Badehaus ist bei den Einheimischen bereits seit der Edo-Periode beliebt. Das Wasser enthält Kieselsäure und Natron. Handtücher können zu einem günstigen Preis erworben werden, sodass man nicht sein eigenes mitbringen muss.

329 **SHIMIZUYU**
3-9-1 Koyama
Shinagawa-ku ⑭
+81 (0)3-3781-0575
shimizuyu.com

Dieses Badehaus hat gleich zwei Quellen, die goldene und die schwarze Quelle. Das Wasser der ersteren kommt aus einer Tiefe von 1500 Metern aus einer Schicht, die aus dem Pleistozän stammt. Es hat viel angereichertes natürliches Jod. Die zweite Quelle beinhaltet Natron und jede Menge Mineralien und kommt aus einer Tiefe von 200 Metern. Beide Bäder versprechen ihren Gästen, die Haut weich zu machen und Feuchtigkeit zu spenden.

330 **SAYA-NO-YUDOKORO**
3-41-1 Maenocho
Itabashi-ku
+81 (0)3-5916-3826
sayanoyudokoro.co.jp

Das hellgrüne Wasser in diesem Badehaus wird direkt aus der Quelle gepumpt und soll Leuten helfen, die an Nerven-, Muskel- und Gliederschmerzen leiden oder Hautprobleme haben. Im Restaurant werden *soba*-Nudeln angeboten, die aus 100 % Buchweizenmehl hergestellt werden.

5 TOILETTEN, *die einen Blick lohnen*

331 **HIKARIE**
2-21-1 Shibuya
Shibuya-ku ①
+81 (0)3-5468-5892
hikarie.jp

Die Toiletten im Hikarie werden Switch Rooms genannt, da sie ein wenig anders sind als normale Toiletten. Hier gibt es sechs davon, jede mit einem anderen Konzept mit unterschiedlicher Beleuchtung, Hintergrundmusik und Düften. Wenn Sie mit kleinen Kindern unterwegs sind, gehen Sie zu Mummy's STAGE im Untergeschoss (B2). Auch Papas dürfen hier vorbeischauen.

332 **HIGASHIYA GINZA**
POLA GINZA BUILDING, 2. STOCK
1-7-7 Ginza
Chuo-ku ⑧
+81 (0)3-3538-3230
higashiya.com/ginza

Wunderschöne Damentoiletten aus schwarzem Stein und Naturholz. Vor allem die Waschbecken sind einzigartig. Um die Toiletten benutzen zu dürfen, müssen Sie ein Gast des Restaurants sein, aber die Erfahrung ist es wert. Sie könnten zum Beispiel eine Tasse Tee und ein Stückchen *yokan* bestellen.

333 **MANDARIN ORIENTAL TOKYO**
2-1-1 Nihonbashi
Muromachi
Chuo-ku ⑧
+81 (0)3-3270-8800
mandarinoriental.co.jp/tokyo

Das Hotel befindet sich in den Stockwerken 30 bis 38 des Nihonbashi Mitsui Tower. Die Lobby des Hotels ist in der 38. Etage untergebracht. Wenn Sie zufällig vorbeikommen, hier übernachten oder zu Abend essen, schauen Sie auf jeden Fall bei den Toiletten vorbei. Man nennt sie auch die »Toilette im Himmel«.

334 **LUMINE IKEBUKURO**
1-11-1 Nishi-Ikebukuro
Toshima-ku ⑪
+81 (0)3-5954-1111
lumine.ne.jp/ikebukuro

Viele Leute nutzen die Toiletten im Untergeschoss dieses Gebäudes. Aber wenn Sie ein wenig Zeit übrig haben, besuchen Sie die Damentoiletten im 6. Stock (sorry, Jungs!). Der Waschraum ist sehr hell und geräumig, sodass man hier auch die Nase pudern kann. In der Tat stehen die Chancen nicht schlecht, dass Sie mehr Zeit auf dieser Toilette verbringen werden, als ursprünglich geplant.

335 **HOTEL GAJOEN TOKYO**
1-8-1 Shimo-Meguro
Meguro-ku ⑭
+81 (0)3-3491-4111
hotelgajoen-tokyo.com

Dieses Hotel gilt als einer der schönsten Orte im Fernen Osten, und dasselbe kann sicher auch über die Toiletten gesagt werden. Sie erinnern an einen japanischen Garten, komplett mit zinnoberrot lackierter Brücke, die über einen Bach führt. Die Türen sind mit Perlmutt verkleidet, und die Decke zieren japanische Gemälde.

345 SHINJUKU SUEHIROTEI

55 ORTE FÜR DEN KULTURGENUSS

Die 5 schönsten
SCHREINE *und* TEMPEL

336 **MANGANJI-TEMPEL TODOROKI FUDOSON**
1-22-47 Todoroki
Setagaya-ku ⑬
+81 (0)3- 3701-5405
manganji.or.jp

Der Tempel befindet sich in Todoroki Keikoku, der einzigen Schlucht in Tokios 23 Bezirken – ein beliebter Ort für *takigyo* (Wasserfallmeditation). Die mehr als 150 Kirschbäume sehen im Frühling einfach bezaubernd aus. Vor der Abreise lockt im Shiki no Hana noch ein leckeres Eis.

337 **YASUKUNI-SCHREIN**
3-1-1 Kudan-Kita
Chiyoda-ku ⑤
+81 (0)3-3261-8326
yasukuni.or.jp

Dieser Schrein wurde auf Befehl des Meiji-Kaisers im späten 19. Jahrhundert zum Gedenken an ein befriedetes Japan erbaut. Es gibt viele Auseinandersetzungen rund um diesen Schrein, aber wir wollen uns lieber an der Schönheit und der Umgebung erfreuen, die im Frühjahr mit Kirschblüten und im Herbst mit rotem Laub erstrahlt.

338 **GOHYAKURAKANJI**
3-20-1 Shimo-Meguro
Meguro-ku ⑭
+81 (0)3-3792-6751
rakan.or.jp

Ein *rakan* oder *arakan* heißt auf Deutsch Arhat und ist ein Anhänger Buddhas. In diesem Tempel gibt es über 300 Statuen von Arhats. Sie sollen die 500 Getreuen repräsentieren, die sich beim Tode Buddhas versammelt haben sollen. So viele buddhistische Statuen auf einmal zu sehen, ist wirklich atemberaubend.

339 KAMEIDO TENJIN

3-6-1 Kameido
Koto-ku ⑮
+81 (0)3-3681-0010
kameidotenjin.or.jp

In diesem Schrein gibt es mehr als 300 Pflaumenbäume, die von Shinto-Priestern gepflegt werden. Ume Matsuri, das Pflaumenfestival, findet hier von Februar bis März statt, wenn die Bäume in voller Blüte stehen. Der Schrein ist auch bekannt für seine wunderschönen Glyzinienblüten Ende April.

340 ZENPUKUJI

1-6-21 Moto-Azabu
Minato-ku ⑥
+81 (0)3-3451-7402
azabu-san.or.jpx

Dieser Tempel wurde im 9. Jahrhundert erbaut, was ihn zum drittältesten Tempel in Tokio macht. Ungewöhnlich ist der 750 Jahre alte Gingkobaum mit seinen dicken Ästen, die alle aussehen, als ob sie herunterhängen.

336 MANGANJI-TEMPEL TODOROKI FUDOSON

5 *Orte, um die* **TRADITIONELLE JAPANISCHE KULTUR** *zu erleben*

341 **KABUKI-ZA THEATER**
4-12-5 Ginza
Chuo-ku ⑧
+81 (0)3-3545-6800
kabuki-za.co.jp

Dies ist eines der letzten Theater, wo noch traditionelle Kabuki-Stücke aufgeführt werden. Es ist über 400 Jahre alt. Bestellen Sie sich auf jeden Fall in der Unterbrechung eine Bento-Box. Wenn Sie einen Balkonsitz ergattert haben, dann können Sie auch eine spezielle Bento-Box ordern, die Ihnen an den Platz gebracht wird.

342 **NATIONALTHEATER**
4-1 Hayabusacho
Chiyoda-ku ⑤
+81 (0)3-3265-7411
ntj.jac.go.jp

Hier werden Kabuki, Nōh und Bunraku aufgeführt. Der Engei-Saal, wo Geschichten wie *Rakugo*, *Kodan* und *Rokyoku* erzählt werden, befindet sich gleich neben dem Nationaltheater. Außerdem gibt es einen Ausstellungsraum, wo Objekte aus traditionellen Stücken gezeigt werden.

343 **KANZE NOH THEATER**
GINZA SIX
6-10-1 Ginza
Chuo-ku ⑧
+81 (0)3-6274-6579
kanze.net

Eines der zahlreichen Nōh-Theater Tokios. Es wurde 2017 im Untergeschoss des Einkaufszentrums Ginza Six eröffnet. Auch wenn das Theater kein eigenes Restaurant hat, so findet man doch eine große Auswahl direkt im Gebäude und in der Umgebung. Werfen Sie auch einen Blick auf die Merchandiseartikel, die es nur hier gibt.

344 KIOI SMALL HALL

6-5 Kioicho
Chiyoda-ku ⑤
+81 (0)3-5276-4500
kioi-hall.or.jp

Ein Konzertsaal für traditionelle japanische Musik. Die Musiker spielen *koto, shamisen* und andere traditionelle Instrumente. Manchmal werden sie dabei von Tänzern begleitet. Der Saal fasst um die 250 Zuschauer und ist so klein, dass man beinahe den Atem der Musiker spüren kann.

345 SHINJUKU SUEHIROTEI

3-6-12 Shinjuku
Shinjuku-ku ⑦
+81 (0)3-3351-2974
suehirotei.com

Ein ehrwürdiger Veranstaltungssaal, wo traditionelle *Rakugo* des Erzähltheaters gegeben werden. Heutzutage kann man *Rakugo* fast überall in der Stadt sehen, aber dieses Theater gibt es seit 1897 und es ist ein toller Ort, um mehr über die Welt von *Showa Genroku Rakugo Shinju*, eine bekannte Anime-Serie, zu lernen. Essen und Getränke dürfen Sie mitbringen (allerdings keinen Alkohol).

341 KABUKI-ZA THEATER

5 *Museen mit*

JAPANISCHER KUNST

346 **NEZU-MUSEUM**
6-5-1 Minami-Aoyama
Minato-ku ④
+81 (0)3-3400-2536
nezu-muse.or.jp

Dies ist die Sammlung japanischer und fernöstlicher Kunst des Geschäftsmanns und Politikers Kaichiro Nezu (1860–1940). Nach dem Besuch der Ausstellung können Sie noch durch den hübschen Garten spazieren, um sich mitten in der Stadt vom Trubel der Metropole zu erholen.

347 **YAMATANE-KUNST-MUSEUM**
3-12-36 Hiroo
Shibuya-ku ②
+81 (0)3-5777-8600
(NTT Hello Dial)
yamatane-museum.jp

Das 1966 eröffnete Museum hat sich auf die Kunst Japans spezialisiert. Die Sammlung umfasst zahlreiche Werke, die als »wichtige Kulturgüter« gelistet sind und von führenden Künstlern wie Kagaku Murakami und Gyoshu Hayami geschaffen wurden. Im Café neben dem Eingang können Sie japanische Süßwaren probieren.

348 **OTA-KUNSTMUSEUM**
1-10-10 Jingumae
Shibuya-ku ③
+81 (0)3-5777-8600
(NTT Hello Dial)
ukiyoe-ota-muse.jp

Auch wenn dies kein sehr großes Museum ist, findet man hier doch eine spannende Kollektion von mehr als 14 000 Farbholzschnitten, *Ukiyo-e* genannt, darunter auch Werke von Hokusai und Hiroshige. In den Sommermonaten finden hier üblicherweise Themenausstellungen mit Geister- und Monsterdrucken statt.

349 IDEMITSUOTA-KUNSTMUSEUM

TEIGEKI BUILDING, 9. STOCK
3-1-1 Marunouchi,
Chiyoda-ku ⑧
+81 (0)3-5777-8600
(NTT Hello Dial)
idemitsu-museum.or.jp

Das Museum wartet mit einer erstklassigen japanischen Kunstsammlung auf, darunter *suiboku-ga* (Bilder mit schwarzer Tusche), Gemälde der Rimpa-Schule sowie japanische Kalligrafie. Das Gebäude wurde von Toshio Tanigucho entworfen (der auch einen Anbau des MoMa in New York gestaltet hat). Einer der Räume war einst ein Teehaus und wird nun als Galerie genutzt und zeigt Utensilien für die Teezubereitung.

350 SEN-OKU HAKUKO KAN MUSEUM

1-5-1 Roppongi
Minato-ku ⑥
+81 (0)3-5777-8600
(NTT Hello Dial)
sen-oku.or.jp/Tokyo

Dieses Haus – auch bekannt als Sumitomo-Sammlung – beherbergt die Kollektion eines japanischen Konzerns. Die Industriellenfamilie hat ein weiteres Museum in Kioto. Im Tokio-Museum findet man Utensilien für die Teezeremonie, Keramik, buddhistische Kunst, Nōh-Masken und moderne japanische Gemälde.

346 NEZU-MUSEUM

352 TARO OKAMOTO MEMORIAL MUSEUM

5 *interessante*

KLEINMUSEEN

351 **KUMAGAI MORIKAZU MUSEUM**
2-27-6 Chihaya
Toshima-ku ⑪
+81 (0)3-3957-3779
kumagai-morikazu.jp

Morikazu Kumagai war ein japanischer Künstler des 20. Jahrhunderts. Das Museum wurde an der Stelle erbaut, an der er 45 Jahre lang lebte. Seine bunten Ölgemälde von Tieren haben einen hohen Wiedererkennungsfaktor und sind sehr beliebt. Das Haus punktet außerdem im Erdgeschoss mit einem schönen Café namens Kaya (nach Kumagais Tochter).

352 **TARO OKAMOTO MEMORIAL MUSEUM**
6-1-19 Minami-Aoyama
Minato-Ku ④
+81 (0)3-3406-0801
taro-okamoto.or.jp

»Kunst ist Explosion!« lautet Taro Okamotos bekanntestes Zitat, und *»The Tower of the Sun« (»Der Turm der Sonne«)* in Osaka ist sein bekanntestes Werk. Dieses kleine Museum stellt viele Arbeiten des Künstlers aus. Es verfügt zudem über ein ausgezeichnetes Café, wo man umgeben von Kunstwerken essen und trinken kann.

353 **NURIE-MUSEUM**
4-11-8 Machiya
Arakawa-ku
+81 (0)3-3892-5391
nurie.jp

Hier sind Malbücher aus dem In- und Ausland zu sehen, das Museum fokussiert sich aber überwiegend auf die Werke von Kiichi Tsutaya, dessen Malbücher in den Jahren zwischen 1945 und 1955 Japan im Sturm erobert haben. Japans Kawaii-Kultur findet ihren Ursprung in diesen Bildern. In einer Ecke können Besucher sogar selbst Bilder ausmalen. Viel Spaß!

354 **SHOTO-KUNSTMUSEUM**
2-14-14 Shoto
Shibuya-ku ①
+81 (0)3-3465-9421
shoto-museum.jp

Dieses Kunstmuseum befindet sich in einem beschaulichen Wohnviertel namens Shoto. Auch wenn das Haus selbst über keine eigene Sammlung verfügt, finden hier doch tolle kleinere Ausstellungen statt. Da das Museum kein eigenes Café hat, können Sie nach Ihrem Besuch noch in der unmittelbaren Nachbarschaft einen Kaffee trinken gehen. Definitiv ein Must-See, wenn Sie ohnehin einen Spaziergang in Shibuya unternehmen.

355 **YAYOI MUSEUM**
2-4-3 Yayoi
Bunkyo-ku ⑩
+81 (0)3-3812-0012
yayoi-yumeji-museum.jp

Das Museum birgt eine umfangreiche Sammlung von Buchillustrationen, inklusive Arbeiten von Kiyokata Kabyraki und Junichi Nakahara. Das Takehisa Yumeji Museum nebenan stellt Werke von Takehisa aus, einem Künstler, dessen Arbeiten stellvertretend für die Taishō-Periode stehen. Der Museumsshop hat eine interessante Kollektion von Originalstücken.

5
UNGEWÖHNLICHE MUSEEN

356 **SUGINAMI ANIMATION MUSEUM**
SUGINAMI KAIKAN, 3. STOCK
3-29-5 Kamiogi
Suginami-ku
+81 (0)3-3396-1510
sam.or.jp

Ein Museum für Anime-Fans, die hier alles über die Geschichte von Anime lernen und auch alte Anime-Filme sehen können. Die Dauerausstellung beinhaltet die Kopien von Arbeiten bekannter Trickzeichner. Das Museum veranstaltet zudem Anime-Workshops für Kinder. Ein Highlight sind die Autogramme zahlreicher Manga-Künstler sowie Synchronstimmen in der Nähe des Eingangs zur dritten Etage.

357 **TOKYO SOME-MONO-GATARI MUSEUM**
3-6-14 Nishi-Waseda
Shinjuku-ku ⑪
+81 (0)3-3987-0701

Dieses Museum befindet sich in Tomita Senkogei, einer Kimono-Werkstatt. Hier werden schon seit der Meiji-Periode Stoffe gefärbt. Die Ausstellung zeigt Werkzeuge, die beim Färbeprozess eingesetzt werden. Das Museum organisierst außerdem Workshops, wo man *Edo Komon*, eine traditionelle Stempeltechnik, erlernen kann.

360 MEGURO PARASITENMUSEUM

358 **PAPIERMUSEUM**
ASUKAYAMA-PARK
1-1-3 Oji
Kita-ku
+81 (0)3-3916-2320
papermuseum.jp

Das Museum, 1950 eröffnet, sammelt Dokumente auf handgefertigtem Washi-Papier aus Japan sowie dem Ausland und stellt sie aus. Lernen Sie hier mehr über die Herstellung von Papier, über Recycling und die Geschichte von Washi und anderen Papierarten. Der Garten ist ebenfalls sehr lehrreich, denn hier wachsen viele Pflanzen, die für die Papierherstellung verwendet werden.

359 **DRUCKMUSEUM**
1-3-3 Suido
Bunkyo-ku ⑩
+81 (0)3-5840-2300
printing-museum.org

Eine der größten Druckereien Japans, Toppan Printing, hat dieses Museum im Jahr 2000 gegründet, um des einhundertjährigen Bestehens der Firma zu gedenken. Es widmet sich der Geschichte und den Techniken des Druckprozesses und ist Gastgeber von Sonderausstellungen mit wunderschönen Büchern und Postern.

360 **MEGURO PARASITEN-MUSEUM**
4-1-1 Shimo-Meguro
Meguro-ku ⑭
+81 (0)3-3716-1264
kiseichu.org

Der Biologe Satoru Kamegai erschuf dieses Museum, das Ausstellungen zu parasitären Insekten zeigt und diese auch erforscht. Sollten Sie nicht gerade ein Experte in diesem Bereich sein, werden Sie bei jedem Ausstellungsstück Überraschendes feststellen. Ein wirklich einzigartiges Museum.

5 Dinge, die man im KOKUGIKAN gemacht haben muss

Kokugikan
1-3-28 Yokoami
Sumida-ku ⑮
+81 (0)3-3623-5111
sumo.or.jp

361 **TREFFEN SIE EINEN RIKISHI**

Würden Sie gern einen leibhaftigen *rikishi* (Sumo-Wrestler) sehen? Dann positionieren Sie sich vor dem Westeingang. Nur *yokozuna* und *ozeki*, die zwei höchsten Ränge, dürfen mit dem Auto zum Kokugikan fahren (weshalb man sie meist nicht zu Gesicht bekommt). Die *rikishi* der anderen Ränge müssen zu Fuß gehen. Warten Sie hier ab ungefähr 14 Uhr.

362 **ESSEN SIE CHANKO UND YAKITORI**

Rikishi essen meist *chanko*, eine Art Suppe. Die Rezepte unterscheiden sich je nach Schule und Köchen. Während eines Turniers wechseln sich die verschiedenen Schulen beim *chanko*-Essen im Kellergeschoss ab. *Yakitori* (gegrillte Hähnchenspieße mit Sojasoße) sind die wahrscheinlich beliebtesten Snacks in der Sporthalle.

363 **BESUCHEN SIE DAS SUMO-MUSEUM**

Sie können das Sumo-Museum besuchen, wenn Sie ein Ticket für ein Turnier haben. Erfahren Sie hier alles über Sumo, und im Besonderen über die Geschichte des Sports. Die Ausstellung wechselt alle zwei Monate.

364 **MACHEN SIE EIN PURIKURA**

Purikura, auch bekannt als Print Club, ist ein Fotoautomat, in dem man sich seine eigenen Fotosticker anfertigen lässt. Im Kokugikan können Sie eine Palette Sticker von sich und den *yokozuna* machen (oder Ihren Freunden, sofern Sie reinpassen). Diesen Automaten findet man nur hier.

365 **GEHEN SIE SHOPPEN**

Es gibt zahlreiche Geschäfte im Kokugikan. Und einige der Verkäufer sind pensionierte *rikishi*, die jetzt für die Sumo Association arbeiten. Ein paar der angebotenen Merchandiseartikel sind wirklich praktisch, wie beispielsweise das *tenugui* (Handtuch) oder die Notizbücher.

361 **TREFFEN SIE EINEN RIKISHI**

5 wichtige Orte für Fans von MANGA und ANIME

366 **DICE IKEBUKURO**
1-11-11 Higashi-Ikebukuro
Toshima-ku ⑪
+81 (0)3-5944-9202
diskcity.co.jp

DiCE Ikebukuro ist das größte *manga kissa* Tokios – ungefähr so etwas wie ein Internet-Café. Hier findet man eine Auswahl von um die 180 000 Manga-Büchern auf acht Etagen. Wie in Internet-Cafés üblich gibt es hier Computer, Duschen und Bars. Und hier gibt es sogar einen Eiscreme-Automaten (ohne Aufpreis!) sowie Karaoke.

367 **JUMP SHOP**
1-3-61 Koraku
Bunkyo-ku ⑩
+81 (0)3-5842-6844
shonenjump.com/j/jumpshop/

Das Geschäft des Manga-Magazins Shonen Jump. Hier sind verschiedene Artikel mit Aufdrucken der beliebtesten Charaktere sowie Comichefte erhältlich. Einige davon gibt es nur in diesem Geschäft zu kaufen. Junta, der zentrale Charakter des Ladens, wurde von Akira Toriyama erschaffen, dem geistigen Vater von *Dragon Ball.*

368 **KITARO CHAYA**
5-12-8 Jindaiji Motomachi
Chofu-shi
+81 (0)42-482-4059

GeGeGe no Kitaro ist eine beliebte Manga- und Anime-Serie, die es seit 1960 gibt. Die Charaktere der Serie heißen Sie in diesem Café mit seinem originellen Menü willkommen. Im zweiten Stock gibt es Illustrationen von Shigeru Mizuki, dem Autor der Serie, zu bestaunen.

369 **TOKIWASO-DORI OYASUMIDOKORO**

2-3-2 Minami-Nagasaki
Toshima-ku ⑪
+81 (0)3-6674-2518

Tokiwaso ist ein Wohnblock, der in den Fünfzigern erbaut und 1982 abgerissen wurde. Eine ganze Reihe von berühmten Manga-Künstlern, darunter Osamu Tezuka, Fujio Fujiko, Shotaro Ishimori und Fujio Akatsuka, haben hier gelebt. Ein Denkmal soll an diesen Wohnblock erinnern. Rundherum kann man immer noch viele Orte besichtigen, die häufig von den Künstlern aufgesucht wurden.

370 **NAKANO BROADWAY**

5-52 Nakano
Nakano-ku ⑫

Ein absolutes Muss, wenn man Tokios Subkultur erleben möchte. Hier finden Sie neu veröffentliche Manga in seltenen Ersteditionen sowie Figuren und Tauschkarten. Mit etwas Glück gibt es auch das ein oder andere Sammlerstück von Anime-Charakteren aus Ihrer Kindheit. Sehr teuer!

370 NAKANO BROADWAY

5 **SPOTS**, *die Sie vielleicht schon mal im* **KINO** *gesehen haben*

371 **JOUGANJI-TEMPEL**
2-26-6 Honcho
Nakano-ku ⑫
+81 (0)3-3372-2711
nakanojouganji.jp

Dies ist der Tempel, den Charlotte, gespielt von Scarlett Johansson, besucht, als sie in Sofia Coppolas Film *»Lost in Translation«* durch Tokio streift. Dieser fotogene Tempel wurde vor ungefähr 650 Jahren erbaut. Die beste Jahreszeit für einen Besuch ist der Frühling, denn zu beiden Seiten des Tores befinden sich Trauerkirschen.

372 **UENO-FUSSGÄNGERBRÜCKE**
Nahe Bahnhof Ueno
Taito-ku ⑩

Dieser Ort kommt in James Mangolds *»Wolverine: Weg des Kriegers«* vor. Logan, gespielt von Hugh Jackman, und Mariko, gespielt von TAO, nehmen von hier den Shinkansen nach Osaka. Im echten Leben jedoch fahren die Züge nach Osaka nicht von Ueno aus ab, sondern vom Bahnhof Tokio.

373 **THE CREST TOWER**
2-11-6 Tsukuda
Chuo-ku ⑮

In Alejandro González Iñárritus Film *»Babel«* lebt Chieko Wataya, ein taubes japanisches Teenager-Mädchen, gespielt von Rinko Kikuchi, mit ihrem Vater in einem Wolkenkratzerapartment. In diesem Gebäude befindet sich dieses Apartment. Viele ähnlich aussehende Hochhäuser wurden in den letzten Jahren ganz in der Nähe gebaut.

374 SUGA-SCHREIN

5 Sugacho
Shinjuku-ku ⑤
+81 (0)3-3351-7023
sugajinjya.org

Seichi junrei, übersetzt eine »Pilgerfahrt«, ist ein Begriff, der besonders von Anime-Fans benutzt wird, die gern Orte besuchen, die in ihren Lieblingsmangas vorkommen. Dieser Schrein spielt eine Rolle im Anime *»Your Name. – Gestern, heute und für immer«* von Makoto Shinkai *(»Kimi no Na wu«)*. Da der Film zum Blockbuster wurde, kamen schon viele Fans, um den Ort zu »verehren«.

375 YANAGIBASHI-BRÜCKE

Nahe Bahnhof
Asakusabashi
Higashi-Nihonbashi,
Chuo-ku ⑮
Yanagibashi, Taito-ku

Yanagibashi ist eine Brücke über den Fluss Kanda, kurz bevor dieser in den Sumida fließt. Diese Brücke war Kulisse im japanischen Horrorfilm *»Der Fluch – The Grudge«* von Takashi Shimizu. Der Collegeprofessor im Film kann die Brücke von seinem Balkon aus sehen. Sie ist auch ein beliebter Drehort für viele TV-Produktionen.

372 UENO-FUSSGÄNGERBRÜCKE

Die 5 spannendsten
FESTE

376 **SANJA MATSURI**
ASAKUSA-SCHREIN
2-3-1 Asakusa
Taito-ku ⑩
+81 (0)3-3844-1575
asakusajinja.jp

Dieses *matsuri* (Festival) findet jedes Jahr im Mai am Asakusa-Schrein statt, der auch Sanja-sama genannt wird, einer der bekanntesten Shinto-Schreine der Stadt. Während des Festivals werden tragbare *mikoshi* (Miniaturschreine) von den Nachbarschaftsvereinen in Prozessionen zu Ehren der drei Gründer des Sensoji-Tempels durch die Straßen getragen.

377 **KAGURAZAKA MATSURI**
Im Viertel Kagurazaka
Shinjuku-ku

Im Juli strömen *Awa-odori*-Tänzer auf die Straßen Tokios und veranstalten spektakuläre Straßenumzüge in Kagurazaka. Dies ist eine tolle Gelegenheit, um diesen traditionellen Teil der Stadt zu erleben. Eine der Zeilen des Liedes, zu dem sich die Tänzer bewegen, lautet: »Ein tanzender Narr und ein zuschauender Narr. Wenn beide Narren sind, dann ist es besser zu tanzen«. Man darf also zum Tanz bitten.

378 **TOUROU NAGASHI**
Im Viertel Asakusa
Taito-ku
+81 (0)3-3844-1221

Mitte August, während des *o-bon* (ein buddhistisches Ritual), werden kerzenbeleuchtete Laternen im Sumida zu Wasser gelassen, um der Seelen der Menschen zu gedenken, die während des Großen Erdbebens von Kanto und der Luftangriffe auf Tokio ums Leben gekommen sind. Laternen sind vor Ort erhältlich.

379 **FUKAGAWA HACHIMAN MATSURI**
TOMIOKA-HACHIMANGU-SCHREIN
1-20-3 Tomioka
Koto-ku ⑮
+81 (0)3-3642-1315
tomiokahachimangu.or.jp

Dies ist eines drei Festivals, die rund um den 15. August in Tokio stattfinden, und gleichzeitig die wichtigste Veranstaltung am Schrein. Während des *Hon-matsuri*, das einmal alle drei Jahre stattfindet, können Sie den Umzug von 120 *mikoshi*, tragbaren Schreinen, beobachten. Einige der *mikoshi* sind mit echtem Gold und Diamanten verziert. Absolut sehenswert!

380 **SOMMERNACHTSFEST AZABU JUBAN**
Im Viertel Azabu Juban
Minato-ku ⑥

Jedes Jahr im August. Auch wenn das Festival vor einigen Jahren ein wenig kleiner wurde, zieht es immer noch reichlich Menschen an. Dieses Viertel ist bekannt für seine vielen guten Restaurants, und diese haben während der Festlichkeiten Stände aufgebaut, wo man Köstlichkeiten zu fairen Preisen kaufen kann.

5

FEUERWERKE,

die man nicht verpassen sollte

381 **ADACHI NO HANABI**
ADACHI FEUERWERKSFEST
Am Ufer des Flusses
Arakawa
Adachi-ku

Jedes Jahr im Juli beginnt die Feuerwerkssaison mit diesem Fest. Binnen einer Stunde werden 12 000 Feuerwerkskörper in die Luft gejagt. Das Ende wird mit dem »Niagara« im Form eines Wasserfalls eingeleitet. Für den besten Blick auf den Niagara begeben Sie sich nach Nishi-Ari.

382 **EDOGAWA HANABI TAIKAI**
EDOGAWA FEUERWERKSFEST
Am Ufer des Flusses
Edogawa
Edogawa-ku

Dieses im August stattfindende Fest startet mit einem atemberaubenden Spektakel aus 1000 Feuerwerksraketen, die innerhalb von nur fünf Sekunden gezündet werden – gefolgt von besonderen Arrangements, die jedes Jahr neu zusammengestellt werden. Das Fest zieht alljährlich die meisten Zuschauer an.

383 **ITABASHI HANABI TAIKAI**
ITABASHI FEUERWERKSFEST
Am Ufer des Flusses
Arakawa
Itabashi-ku
itabashihanabi.jp

Dieses Fest findet im August in Zusammenarbeit mit Toda City in Saitama auf der gegenüberliegenden Seite des Flusses statt. Um die 12 000 Feuerwerkskörper beleuchten den Himmel, was immer für eine gute Show sorgt. Wenn Sie auf Nummer sicher gehen wollen, organisieren Sie sich einen der kostenpflichtigen Sitzplätze.

384 **SUMIDAGAWA HANABI TAIKAI**

SUMIDAGAWA FEUERWERKSFEST

Am Ufer des Flusses Sumida
Sumida-ku/Taito-ku
sumidagawa-hanabi.com

1733 fand dieses Fest erstmals statt. Es teilt sich in zwei Bereiche auf, wobei der Himmel von ca. 22 000 Feuerwerkskörpern erleuchtet wird. Im Rahmen eines Feuerwerkwettbewerbs ringen jedes Jahr zehn verschiedene Gruppen um den Sieg. Wenn Sie ein Ticket für eines der Schiffe erwerben, können Sie das bunte Spektakel vom Wasser aus beobachten.

385 **JINGU GAIEN HANABI TAIKAI**

JINGU GAIEN FEUERWERKSFEST

Im Viertel Jingu Gaien
Kasumigaokamachi/ Shinjuku-ku ④
jinguhanabi.com

Das erste Feuerwerksfest fand 2011 statt, um Spendengelder für die Große Erdbebenkatastrophe in Ost-Japan zu sammeln und wird seither jedes Jahr im August abgehalten. In zwei Baseballstadien werden zudem Livekonzerte mit 20 Bands ausgerichtet. Vergessen Sie nicht, sich rechtzeitig Tickets zu besorgen!

385 JINGU GAIEN FEUERWERKSFESTIVAL

5 tolle
NIGHTCLUBS

386 **UNIT**
ZA HOUSE BUILDING
1-34-17 Ebisu-Nishi
Shibuya-ku ②
+81 (0)3-5459-8630
unit-tokyo.com

In diesem Nachtclub mit ausgezeichnetem Soundsystem finden fast jede Nacht Club-Events und Gigs statt. Die vielen legendären Veranstaltungen der vergangenen Jahre mit Musikern und DJs aus Japan und aus dem Ausland beweisen, dass man hier immer eine unvergessliche Nacht erleben kann.

387 **CONTACT**
SHINTAISO BUILDING NO. 4
2-10-12 Dogenzaka
Shibuya-ku ①
+81 (0)3-6427-8107
contacttokyo.com

Seit seiner Eröffnung im Jahr 2016 hat das Contact bereits viele weltberühmte DJs willkommen geheißen, darunter Gilles Peterson und DJ Harvey. Dieser Club wurde von der gleichen Firma ins Leben gerufen, die auch das Yellow betreibt, einen legendären Club in Nishi-Azabu. Um Einlass zu bekommen müssen Sie sich vorher online anmelden.

388 WWW

RISE BUILDING
13-17 Udagawacho
Shibuya-ku ①
+81 (0)3-5458-7685
www-shibuya.jp

Weil dieses Gebäude früher einmal ein Kino war gibt es in diesem Club eine Tanzfläche auf mehreren Ebenen. Hier ist eigentlich immer etwas los, sei es ein Konzert einer jungen japanischen Indie-Band oder ein Auftritt von weltberühmten Jazzmusikern. Manchmal werden auch DJs und kleinere Theatergruppen eingeladen.

389 SOUP

MIKASA BUILDING
3-9-10 Kami-Ochiai
Shinjuku-ku ⑫
+81 (0)3-6909-3000
ochiaisoup.com

Im Keller eines Badehauses in einem ruhigen Wohnviertel gelegen. Dieser Club lässt nur 100 Leute hinein, was für eine beinahe familiäre Atmosphäre sorgt. Suchen Sie nach dem Badehaus und dem Waschsalon und gehen Sie dann im selben Gebäude die Treppe hinunter.

390 AOYAMA HACHI

AOYAMA BUILDING,
2.–4. STOCK
4-5-9 Shibuya
Shibuya-ku ①
+81 (0)3-5766-4887
aoyama-hachi.net

Hier gibt es drei Tanzflächen mit DJs sowie eine Lounge-Bar im vierten Stock mit einer netten Auswahl an Musikstilen wie House und Techno, aber auch Soul, Jazz und Reggae. Die stilvolle Atmosphäre und das erstklassige Soundsystem ziehen viele Gäste und weltberühmte DJs an.

409 MIRAIKAN

25 SACHEN, DIE MAN MIT KINDERN UNTERNEHMEN KANN

5

PARKS,

die keinen Eintritt verlangen

391 **RINSHI-NO-MORI-PARK**
5-chome, Shimo-Meguro
Meguro-ku ⑭
+81 (0)3-3792-3800
tokyo-park.or.jp

Bis in die späten Siebziger war dieser Park eine experimentelle Forschungsstation für Forstwirtschaft und wurde 1989 als Park wiedereröffnet. Dies erklärt, warum es hier so viele Bäume gibt, darunter viele Seltenheiten wie den Taschentuchbaum und seltene Pflanzen wie den einheimischen Löwenzahn namens *Kanto pampopo*.

392 **TODOROKI-KEIKOKU-PARK**
1-22, 2-37/38 Todoroki
Setagaya-ku ⑬

Tokios Stadtverwaltung zeichnete diesen Park als Ort von besonderer Schönheit aus. Er liegt nur wenige Gehminuten vom nächsten Bahnhof Todoroki entfernt. Bei einem Spaziergang durch diese Anlage werden Sie schnell vergessen, dass Sie sich mitten in Tokio befinden.

393 **SAKURAZAKA-PARK**
Roppongi Hills
Roppongi
Minato-ku ⑥
roppongihills.com

Dieser Park ist auch unter dem Namen »Robo Robe Koen« bekannt, denn hier gibt es an verschiedenen Orten Roboter, die vom koreanischen Künstler Choi Jeonghwa erschaffen wurden. Am bekanntesten ist der Turm aus 44 Robotern und mehreren Rutschen. Wenn Ihre Kinder gern herumtoben, ist dies der richtige Ort dafür.

394 **TONERI-IKIKI-PARK**
6-3-1 Toneri
Adachi-ku

Viele Ecken dieses Parks wurden von japanischen Märchen inspiriert. Die Rutsche sieht aus wie ein roter Dämon, aus dessen Mund die Kinder herausrutschen – sehr interessant. Ein eher kleiner Park, aber er wartet mit vielen Geschichten auf (wortwörtlich) und ist auf seine Art einzigartig.

395 **KINUTA-PARK**
1-1 Kinuta Koen
Setagaya-ku ⑬

Hier gibt es ein Kunstmuseum, ein Vogelschutzgebiet und diverse Sportstätten. Dieser Familienpark verfügt zudem über hübsche Rasenflächen mit Kirschbäumen. Ein herrliches Areal, zum Beispiel für ein kleines Picknick.

392 TODOROKI-KEIKOKU-PARK

5 schöne
ZOOS und AQUARIEN

396 **INOKASHIRA PARK ZOO**
1-17-6 Gotenyama
Musashino-shi
+81 (0)422-46-1100
tokyo-zoo.net/zoo/ino/

Der Zoo nimmt ungefähr ein Drittel der Fläche des Inokashira-Parks ein und ist die Heimat von über 200 Arten, von denen einige nicht in Käfigen, sondern in Gehegen gehalten werden, etwa die Eichhörnchen. Der Park hat zudem eine Entenaufzucht, wo Mandarinenten aufwachsen, die später ausgewildert werden.

397 **ZOOLOGISCHER GARTEN UENO**
9-83 Ueno Koen
Taito-ku ⑩
+81(0)3-3828-5171
tokyo-zoo.net/zoo/ueno

Der älteste Zoo Japans wurde 1882 eröffnet und wird von mehr als drei Millionen Besuchern im Jahr, die die 500 verschiedenen Arten wie den Panda sehen möchten, aufgesucht. Jedes Tier lebt in einem Gehege, das dem natürlichen Umfeld seines Ursprungsgebietes ähnelt. Enten und Möwen bevölkern den Teich des Zoos.

398 **SHINAGAWA AQUARIUM**
3-2-1 Katsushima
Shinagawa-ku ⑭
+81 (0)3-3762-3433
aquarium.gr.jp

Zu den beliebtesten Attraktionen dieses Aquariums zählt das Tunnelbecken, das der natürlichen Umgebung der Bucht von Tokio nachempfunden ist. Sie werden erstaunt sein, wie viele Meeresbewohner in dieser Bucht leben. Toll ist auch, wenn Seehunde durch den Tunnel schwimmen.

399 **SUNSHINE AQUARIUM**
3-1-1 Higashi-Ikebukuro
Toshima-ku ⑪
+81 (0)3-3989-3466
sunshinecity.co.jp/aquarium

Dieses helle und luftige Aquarium befindet sich auf einem Hausdach. Hier kann man von unten beobachten, wie Pinguine über den Besuchern schwimmen und man kommt vielen Meeresbewohnern richtig nahe. Planen Sie Ihren Besuch so, dass Sie die Fütterungszeiten der Pinguine, Pelikane oder Seehunde miterleben können.

400 **SUMIDA AQUARIUM**
1-1-2 Oshiage
Sumida-ku ⑮
+81 (0)3-5619-1821
sumida-aquarium.com

In diesem Aquarium auf der fünften und sechsten Etage des Tokyo Solamachi gibt es hübsche Goldfische im Edorium, darunter den »gewöhnlichen Goldfisch« (*ryukin* und *wakin*) sowie Rundfische (*ranchu*). Werfen Sie einen Blick hinter die Kulissen und erfahren Sie ein paar Hintergrundinfos zur Arbeit der Tierpfleger im Aqua Lab.

397 ZOOLOGISCHER GARTEN UENO

5 tolle BUCHLÄDEN für kleine Leseratten

401 **CRAYON HOUSE**
3-8-15 Kita-Aoyama
Minato-ku ③
+81 (0)3-3406-6308
crayonhouse.co.jp

Dieses Buchgeschäft wurde 1976 vom Schriftsteller Keiko Ochiai ins Leben gerufen, um die kulturelle Perspektive von Frauen und Kindern zu promoten. Neben Büchern kann man hier auch Spielzeug, Bio-Kosmetika und Gemüse kaufen. Probieren Sie auch die selbst gemachten Kuchen im Bio-Restaurant des Ladens.

402 **BOOKS KYOBUNKWAN**
4-5-1 Ginza
Chuo-ku ⑧
+81 (0)3-3561-8446
kyobunkwan.co.jp

Diese Buchhandlung ist schon 120 Jahre alt. 1998 wurde eine Kinderbuchabteilung hinzugefügt. Das Geschäft bietet insgesamt 15 000 Titel, darunter beliebte Bestseller und Neuerscheinungen. Auch finden hier immer wieder Podiumsdiskussionen und Veranstaltungen statt.

403 **EHON HOUSE**
1-7-14 Mejiro
Toshima-ku ⑪
+81 (0)3-3985-3350
ehon-house.co.jp

Dieser Laden hat importierte Kinderbücher, die vor allem aus europäischen Ländern kommen, im Angebot sowie Sprachlernmaterialien fürs Englische. Des Weiteren findet man verschiedene Merchandising-Artikel, die von Kinderbüchern inspiriert wurden, etwa von den Mumins oder Pipi Langstrumpf.

404 CHIE NO KI NO MI

2-3-14 Ebisu-Nishi
Shibuya-ku ②
+81 (0)3-5428-4611
chienokinomi-books.jp

Die Idee hinter diesem Buchladen ist, dass alle Eltern sich wünschen sollen, dass ihre Kinder Bücher lesen und lieben lernen. Neben Büchern wird hier auch kindersicheres Holzspielzeug verkauft. Eltern und Kindern können gemeinsam in der Leseecke im zweiten Stock lesen.

405 MIWA SHOBO

2-3 Kanda Jinbocho
Chiyoda-ku ⑨
+81 (0)3-3261-2348
miwa-shobo.com
childbook@miwa-shobo.com

Dieses Secondhand-Buchgeschäft hat sich auf Kinderbücher spezialisiert und bietet eine große Auswahl an Bilderbüchern und Kinderliteratur aus Japan und anderen Ländern. Außerdem findet man hier eine Vielzahl von Kinderzeitschriften aus den Fünfzigerjahren sowie Ausmalbücher.

401 CRAYON HOUSE

5 Orte, die man mit Kindern AN REGENTAGEN besuchen kann

406 **SPIELZEUGMUSEUM TOKIO**
4-20 Yotsuya
Shinjuku-ku ⑦
+81 (0)3-5367-9601
goodtoy.org/ttm

Dieses Museum stellt über 5000 Spielsachen aus Japan und dem Ausland aus, die in zehn Klassenzimmern einer ehemaligen Grundschule präsentiert werden. Ein toller Spaß für kleinere Kinder! Außerdem gibt es 10 000 weitere Objekte, mit denen gespielt werden kann, sowie einen Museumsladen mit diversen Souvenirs.

407 **INTERNATIONALE BÜCHEREI FÜR KINDERLITERATUR**
12-49 Ueno Koen
Taito-ku ⑩
+81 (0)3-3827-2053
kodomo.go.jp

Eine der Nationalen Parlamentsbibliotheken mit einer Sammlung von über 10 000 Kinderbüchern. In der Galerie im zweiten Stock lernen Sie mehr über die Geschichte der Kinderliteratur und Bilderbücher nach der Meiji-Periode. Das von Tadao Ando entworfene Gebäude ist ebenfalls ein guter Grund für einen Besuch.

408 **SONY EXPLORASCIENCE**
AQUA CITY ODAIBA, 5. STOCK
1-7-1 Daiba
Minato-ku ⑮
+81 (0)3-5531-2186
sonyexplorascience.jp

In dem Wissenschaftsmuseum kann man mehr über Sonys neueste Elektronik und Spieletechnologie erfahren. Die Ausstellung ist in vier Zonen und ein Studio untergliedert. In der Information & Entertainment-Zone schlüpft man dank Augmented Reality in verschiedene Rollen.

409 **MIRAIKAN**
NATIONALES MUSEUM FÜR ZUKUNFTSFORSCHUNG UND INNOVATION
2-3-6 Aomi
Koto-ku ⑮
+81 (0)3-3570-9151
miraikan.jst.go.jp

Ein toller Ort, um an interaktiven Stationen mehr darüber zu erfahren, was sich alles im Bereich Wissenschaft und Technologie tut. Das macht noch mehr Spaß, wenn man zuvor die offizielle App aufs Smartphone lädt. An Samstagen zahlen Besucher unter 18 Jahren keinen Eintritt (gilt nicht für Wechselausstellungen).

410 **SANRIO PUROLAND**
1-31 Ochiai
Tama-shi
+81 (0)42-339-1111
puroland.jp

Ein Freizeitpark, wo Sie die von Sanrio erschaffenen Charaktere, wie Hello Kitty und My Melody, treffen können. Und das Beste daran: Sie müssen sich um das Wetter keine Sorgen machen, denn dieser Freizeitpark ist in einem Gebäude untergebracht. Einige Merchandiseartikel sind nur hier erhältlich. Wenn Sie einen Geburtstag feiern möchten, können Sie sich hier mit tollen Ideen überraschen lassen.

409 **MIRAIKAN**

5 GESCHÄFTE *und* EINKAUFSZENTREN, *in denen Kinder die Zeit vergessen*

411 **HAKUHINKAN TOY PARK**
8-8-11 Ginza
Chuo-ku ⑧
+81 (0)3-3571-8008
hakuhinkan.co.jp

Dieser Ort scheint Kinderträumen entsprungen zu sein, denn hier bekommt man auf fünf Etagen alles, von Barbiepuppen bis zu Videospielen. An der Hakuhinkan-Rennstrecke im vierten Stock kann man sich mit ferngesteuerten Autos Rennen liefern. Manchmal muss man aber das ein oder andere erwachsene Kind beiseite drängen.

412 **YAMASHIROYA**
6-14-6 Ueno
Taito-ku ⑩
+81 (0)3-3831-2320
e-yamashiroya.com

Das beliebte Spielwarengeschäft in Ueno gibt es schon seit einer gefühlten Ewigkeit. Auf sechs Etagen findet man jede Menge Spielzeug und Partyartikel. Halten Sie Ausschau nach Sammlerstücken, wie zum Beispiel den Vinylfiguren klassischer Fernsehserien. Bis 21.30 Uhr geöffnet.

413 **AQUA CITY ODAIBA**
1-7-1 Daiba
Minato-ku ⑮
+81 (0)3-3599-4700
aquacity.jp

Aqua City ist ein großes »Unterhaltungs-Einkaufszentrum«, wo man einen Spielwarenladen und einen 100-Yen-Shop sowie das Tokyo Leisure Land findet, und *purikura* anfertigen lassen kann. In einem Geschäft gibt es Kapselspielzeug zu kaufen. Kleine Kinder können hier sogar ein Mittagsschläfchen halten.

414 **TOKYO CHARACTER STREET**
FIRST AVENUE TOKYO BAHNHOF
1-9-1 Marunouchi ⑧
Chiyoda-ku
+81 (0)3-3210-0077
tokyoeki-1bangai.co.jp

Untergebracht in einem unterirdischen Einkaufszentrum im Bahnhof Tokio. Die Straße wird gesäumt von Geschäften beliebter Charaktere wie Hello Kitty, Rirakkuma und Ultraman sowie den offiziellen Shops der Fernsehsender in Tokio. Hier gibt es sogar einen Laden, wo man an 100 verschiedenen Automaten Kapselspielzeug kaufen kann.

415 **TOKYO DOME CITY**
1-3-61 Koraku
Bunkyo-ku ⑩
+81 (0)3-3817-6001
tokyo-dome.co.jp

Ein Baseballstadion, Freizeitpark, Wellnesscenter, mehrere Restaurants und ein Hotel an einem Ort vereint. ASOBono! ist Tokios größter Indoor-Spielpark, wo die Fantasie tollender Kinder beflügelt wird.

414 TOKYO CHARACTER STREET

423 **HOTEL CHINZANSO TOKYO**

20 ORTE ZUM ÜBERNACHTEN

5 PREISGÜNSTIGE *Unterkünfte*

416 **HOTEL VILLA FONTAINE TOKYO-KUDANSHITA**
2-4-4 Nishi-Kanda
Chiyoda-ku ⑨
+81 (0)3-3222-8880
hvf.jp/kudanshita

Villa Fontaine ist eine Budget-Hotelkette. Viele Geschäftsreisende greifen gern auf Unterkünfte dieser Marke zurück, denn die Häuser befinden sich meist in sehr praktischer Lage. Das Hotel in der Nähe des Kaiserpalasts ist eine ausgezeichnete Wahl für Gäste, die gern die Sehenswürdigkeiten von Tokio ansteuern möchten. Jedes der Zimmer ist komforrtabel ausgestattet.

417 **TOKYO GREEN PALACE**
2 Nibancho
Chiyoda-ku ⑤
+81 (0)3-5210-4600
tokyogp.com

Dieses Hotel ist hell und sauber und bietet einen guten Service zu einem erschwinglichen Preis. Das Angebot am Frühstücksbüfett wechselt täglich, sodass auch bei Gästen, die länger bleiben, keine Langeweile aufkommt. Am Wochenende wird zudem ein Mittagsbüfett aufgeboten.

418 CENTURION HOTEL CABIN TOWER

3-12-3 Akasaka
Minato-ku ⑤
+81 (0)3-6229-6336
centurion-hotel.com/residential/cabin_rooms

Wenn Sie gern im Stadtzentrum übernachten möchten, aber eher wenig Geld in der Reisekasse zur Verfügung haben, dann könnte dieses Hotel für Sie eine gute Option sein. Im Prinzip ist dies ein Designer-Hostel. Was den Kabinen (ja, das Wort Kabine passt hier besser) fehlt, zum Beispiel Platz, machen sie in puncto Praktikabilität und Stil wieder wett.

419 THE PRIME POD GINZA

GINZA DUPLEX TOWER
5/13 BUILDING, 13. STOCK
5-13 Ginza
Chuo-ku ⑧
+81 (0)3-5550-0147
theprimepod.jp/ginza

Im teuren Ginza-Viertel gelegen. Jeder Pod (hier heißt jedes Abteil »Pod« und nicht »Kabine«) verfügt über einen 19-Inch-Flachbildschirm-TV und einen Safe. Die Serra-Matratze sorgt für eine angenehme Nachtruhe. Zudem gibt es einen Waschsalon, und der Kaffee wird aus frisch gemahlenen Bohnen zubereitet.

420 NINE HOURS

NINE HOURS SHINJUKU – NORTH BUILDING, 3.–8. STOCK
1-4-15 Hyakunincho
Shinjuku-ku ⑦
+81 (0)3-5291-7337
ninehours.co.jp

Bei diesem stylischen Kapselhotel dreht sich alles um Komfort, denn zum Angebot gehören Handtücher, Hausschuhe, eine Zahnbürste und bequeme Kleidung zum Entspannen. In der Lounge im achten Stock kann man speisen (in den Kapseln selbst ist das nicht gestattet) und arbeiten (hier stehen Drucker und Faxgeräte).

5 LUXURIÖSE *Hotels*

421 **HOSHINOYA TOKYO**
1-9-1 Otemachi
Chiyoda-ku ⑧
+81 (0)3-6214-5151
hoshinoyatokyo.com

Ein luxuriöses *ryokan* (Hotel im japanischen Stil), das ein außergewöhnliches Erlebnis verspricht und nur zehn Gehminuten vom Bahnhof Tokio entfernt liegt. Das Gebäude ist von zahlreichen Wolkenkratzern umgeben – ein ganz spezieller Kontrast. Das angeschlossene Badehaus mit heißer Quelle unter freiem Himmel ist ausschließlich Hotelgästen vorbehalten.

422 **HOTEL RYUMEIKAN OCHANOMIZU HONTEN**
3-4 Kanda-Surugadai
Chiyoda-ku ⑨
+81 (0)3-3251-1135
ryumeikan-honten.jp

Das Ryumeikan gibt es schon seit einer ganzen Weile. 2014 wurde es renoviert, sodass es sich heute in zeitgemäßem Gewand zeigt. Die Zimmer ähneln einem *ryokan* im Landhausstil, aber hier schläft man statt auf einem Futon in einem richtigen Bett. In der Badewanne aus Shigaraki-Keramik kann man sich richtig toll entspannen.

423 **HOTEL CHINZANSO TOKYO**
2-10-8 Sekiguchi
Bunkyo-ku ⑪
+81 (0)3-3493-1111
hotel-chinzanso-tokyo.jp

Wörtlich übersetzt bedeutet *chinzan* »Berg der Kamelien«, denn früher war dies ein hübscher Ort voll wilder Kamelien. Das Hotel mit wunderschönem Garten wurde 1992 auf dem Gelände des ehemaligen Chinzanso-Hochzeitszentrums eingeweiht.

424 **IMPERIAL HOTEL**

1-1-1 Uchisaiwaicho
Chiyoda-ku ⑧
+81 (0)3-3504-1111
imperialhotel.co.jp

Es geht kaum japanischer als hier. 1890 eröffnet, war dies das erste Hotel in Japan mit Wäscheservice und einem Frühstücksbüfett. In Japan werden Büfetts häufig *baikingu* genannt, also »Wikinger«. Der Name fiel dem Hotelpräsident beim Betrachten einer Szene der TV-Serie *»Vikings«* ein, in der eine Gruppe Wikinger ihr Essen mit viel Appetit herunterschlang.

425 **THE PENINSULA TOKYO**

1-8-1 Yurakucho
Chiyoda-ku ⑧
+81 (0)3-6270-2888
tokyo.peninsula.com

Dieses Haus der Hotelgruppe Peninsula hat seit seiner Eröffnung im Jahr 2007 fünf Sterne in der Rangliste bei Forbes sowie zahlreiche weitere Auszeichnungen erhalten. Die Gästezimmer sind im japanischen Stil mit Naturhölzern eingerichtet, und die Restaurants mit Blick auf den Kaiserpalast stellen eine ausgezeichnete Wahl für ein erlesenes Mittagessen dar.

423 **HOTEL CHINZANSO TOKYO**

5 der besten

BOUTIQUE-HOTELS

426 **TRUNK (HOTEL)**
5-31 Jingumae
Shibuya-ku ③
+81 (0)3-5766-3210
trunk-hotel.com

2017 eröffnet und zwischen Shibuya und Harajuku gelegen, hat dieses Haus bereits einen neuen Trend in der Branche ausgelöst. Dieses selbst ernannte »Hotel fürs Socialising« bietet eine Bar-Lounge und Restaurants, wo man genau dies tun kann.

427 **HOTEL CLASKA**
1-3-18 Chuocho
Meguro-ku ⑭
+81 (03)-3719-8121
claska.com/hotel/index.html

Das Hotel befindet sich auf den Etagen vier bis sieben des Claska-Komplexes. Die Gästezimmer wurden alle von zeitgenössischen Künstlern eingerichtet, die stellvertretend für ein modernes Japan stehen. Es gibt vier Zimmertypen zur Auswahl: Modern, Tatami, Contemporary und DIY. In den Tatami-Zimmern erleben Sie eine gekonnte Kombination aus japanischen Traditionen und einem modernen Stil.

428 **LYURO TOKYO KIYOSUMI**
1-1-7 Kiyosumi
Koto-ku ⑮
+81 (0)3-6458-5540
thesharehotels.com/lyuro

Diese Unterkunft wurde 2017 in Kiyosumi Shirakawa eröffnet. Das Viertel liegt derzeit voll im Trend, denn hier entstanden jüngst viele Bio-Cafés und -Restaurants. Einige der Zimmer haben ein »Bad mit Flussblick«, wo man mit Sicht auf den Fluss Sumida herrlich entspannen kann.

429 WIRED HOTEL

2-16-2 Asakusa
Taito-ku ⑩
+81 (0)3-5830-7931
wiredhotel.com

Ein weiteres modernes *wabi-sabi*-Hotel, 2017 eröffnet. Es stehen diverse Unterkünfte zur Auswahl, darunter Schlafsäle und etwas luxuriöser eingerichtete Zimmer. Alle, auch die Schlafsäle, wurden mit hochwertigen schwedischen Duxiana-Betten ausgestattet. Im Café mit Bar namens Zakbaran können Sie gesunde Desserts aus Tofu probieren.

430 HOTEL S

1-11-6 Nishi-Azabu
Minato-ku ⑥
+81 (0)3-5771-2469
hr-roppongi.jp/hotelS

Dieses Hotel befindet sich zwischen Roppongi Hills und der Nishi-Azabu-Kreuzung. Eine praktische Lage für all jene, die sich gern ins Tokioter Nachtleben stürzen möchten. Einige der Gästezimmer bieten Bio-Seifen und andere Annehmlichkeiten, die gerade weiblichen Gästen gefallen werden. Für Reisende, die länger als einen Monat bleiben möchten, stehen zudem zwölf Apartments zu Auswahl.

428 LYURO TOKYO KIYOSUMI

5 Hotels, die ein LECKERES FRÜHSTÜCK anbieten

431 **THE AGNES HOTEL & APARTMENTS TOKYO**
2-20-1 Kagurazaka
Shinjuku-ku ⑤
+81 (0)3-3267-5505
agneshotel.com

Das Agnes Hotel versteckt sich in einer Seitenstraße, ist daher noch ein absoluter Geheimtipp. An Werktagen können auch Gäste, die nicht im Haus übernachten, das Frühstücksbüfett nutzen. Beginnen Sie Ihren Tag doch mit einem Glas frisch gepresstem Orangensaft! Die Eier werden auf Bestellung zubereitet.

432 **PALACE HOTEL**
1-1-1 Marunouchi
Chiyoda-ku ⑧
+81 (0)3-3211-5211
palacehoteltokyo.com

An Werktagen wird im Erdgeschoss des Grand Kitchen Hotelgästen und Besuchern ein Frühstück aufgetischt. Wählen Sie zwischen dem »Grand Kitchen Frühstücksbüfett« oder dem »Palace Morning«, bei dem Sie zusätzliche Gerichte zum Büfett bestellen können, zum Beispiel Eggs Benedict oder Pot-au-Feu.

433 **TOKYO STATION HOTEL**
1-9-1 Marunouchi
Chiyoda-ku ⑧
+81 (0)3-5220-1111
tokyostationhotel.jp

Wie der Name schon vermuten lässt, befindet sich das Tokyo Station Hotel im Tokioter Bahnhof. Die Atrium-Gästelounge belegt das oberste Stockwerk und serviert ein Frühstücksbüfett mit 110 verschiedenen Gerichten – jedoch nur für Hotelgäste. Wenn Sie morgens schon mit einem großen Appetit aufwachen, warum buchen Sie nicht einfach hier ein Zimmer?

434 **HILLTOP HOTEL**
1-1 Kanda-Surugadai
Chiyoda-ku ⑨
+81 (0)3-3293-2311
yamanoue-hotel.co.jp

Viele Schriftsteller wie Mishima Yukio und Kawabata Yasunari haben dieses Hotel geliebt. Auch heute noch kann man sich die Lieblingsfrühstücksgerichte dieser Autoren bestellen. Wählen Sie zwischen einem Frühstück im japanischen oder westlichen Stil. Das Erstere kommt mit gegrilltem Fisch, japanischem Omelette, Seegras, eingelegten Pflaumen, Miso-Suppe, Porridge und vielem mehr. Beide Optionen bieten einen ausgewogenen Start in den Tag.

435 **HOTEL NIWA TOKYO**
1-1-16 Kanda Misakicho
Chiyoda-ku ⑨
+81 (0)3-3293-0028
hotelniwa.jp

Dieses moderne Hotel hat ein ganz eigenes japanisches Flair und serviert morgens ein Frühstücksbüfett. An der Salatbar gibt es mehr als 20 frische Gemüsesorten, die direkt bei ausgewählten Bauernhöfen erworben werden. Eierspeisen werden auf Bestellung zubereitet. Zur Auswahl stehen außerdem eine Gemüsesuppe der Saison oder eine Schale Reis mit Miso-Suppe.

462 **WAKASU-PARK**

45 AKTIVITÄTEN FÜRS WOCHENENDE

5 Ziele für einen
TAGESTRIP AUSSERHALB VON TOKIO

436 **HAKONE**
Kanagawa

Die Fahrt von Shinjuku nach Hakone mit dem Okadyu Romance Car dauert um die 90 Minuten. Hakone ist für seine heißen Quellen bekannt, aber es gibt hier auch eine Handvoll von interessanten Museen zu entdecken. Im Honma-Yoseki-Museum kann man zum Beispiel beobachten, wie die Künstler wunderschöne, *yoseki zukuri* genannte Holzarbeiten herstellen.

437 **SAKURA**
Chiba

Nur etwa eine Stunde vom Bahnhof Tokio und 30 Minuten vom internationalen Flughafen Narita entfernt, befindet sich das Tokioter Wohnviertel Sakura City. Hier sieht alles jedoch ganz anders aus als in der Hauptstadt. Lassen Sie sich von den prachtvollen Residenzen der Samurais aus der Edo-Periode überraschen. Eine Fahrradtour durch das Marschland von Inba kann ebenfalls viel Spaß machen.

438 HITACHINAKA

Ibaraki

In Hitachinaka gibt es einen 200 Hektar großen Nationalpark namens Hitachi Kaihin Koen (auch Hitachi Seaside Park). Die Anlage ist berühmt für ihre blühenden Gärten, die das ganze Jahr über Besuchermassen anziehen, sogar im Winter! Zudem gibt es einige historisch interessante Orte zu sehen, darunter auch das Hiraisho Hakuaso, eine Gesteinsformation aus der Kreidezeit des Mesozoikums, in der fossile Ammoniten zu finden sind.

439 MISHIMA

Shizuoka

Diese Stadt befindet sich an der Straße von Tokio in Richtung Fuji. Da in den Wintermonaten das Wetter in Mishima meist sonnig ist, kann man von hier aus oft den schneebedeckten Fuji sehen. Im Mai kann man in Laufweite zum JR-Bahnhof oft Glühwürmchen entdecken.

440 MATSUMOTO

Nagano

Der perfekte Ort für Liebhaber von *soba*-Nudeln. Das Viertel Nagawa in Matsumoto ist für seinen Buchweizen bekannt und hat sogar eine ganz eigene Sorte. Eine der bekanntesten Sehenswürdigkeiten ist das Viertel Nakamachi mit seinen typischen schwarz-weißen Lagerhäusern, nur zehn Minuten zu Fuß vom Bahnhof Matsumoto entfernt. Vergessen Sie auch nicht, die Burg von Matsumoto zu besichtigen, die zum Kulturerbe von Japan gezählt wird.

5 Ausflugsziele für ein GANZES WOCHENENDE

441 **CHICHIBU**
Saitama

Eine gute Gegend für Wanderfreunde. Der Mitsumine-Schrein auf der Spitze des Berges gilt als eine der heiligsten Stätten in ganz Japan. Es gibt eine natürliche heiße Quelle sowie jede Menge Unterkunftsmöglichkeiten. Nach dem Baden können Sie noch eine Tasse Kaffee, die mit frischem Quellwasser zubereitet wurde, genießen.

442 **TATEYAMA**
Chiba

Die im Süden der Boso-Halbinsel gelegene Präfektur Chiba erreicht man von Tokio aus mit dem Schnellzug in ungefähr zwei Stunden. Die vielen schönen Strände der Region sind besonders in den Sommermonaten sehr beliebt. Als Top-Destination für Meeresfrüchte gibt es hier viele Optionen, gutes Sushi zu genießen.

443 **IZU**
Shizuoka

Wenn Sie einen der Schnellzüge vom Bahnhof Tokio nehmen, erreichen Sie Izu in weniger als 45 Minuten. Das Klima ist gemäßigt, und es gibt viele heiße Quellen, von denen einige wie öffentliche Bäder betrieben werden: Nach Zahlung einer kleinen Gebühr können Sie ein Bad nehmen.

444 **NIKKO**
Tochigi

Viele Leute machen nur einen Tagesausflug nach Nikko, aber hier gibt es noch so viel mehr zu entdecken. Fahren Sie beispielsweise mit einem Kanu den Kinugawa hinab und auf den Chūzenji-See, oder angeln Sie auf dem Ojika-Fluss. Wer mag, kann in einem traditionellen *ryokan* mit heißer Quelle übernachten.

445 **FUJI KAWAGUCHIKO**
Yamanashi

Vier der fünf Seen von Fuji (Fuji Goko) befinden sich in Fuji Kawaguchiko. Mit anderen Worten, dies ist ein Ort, von wo aus Sie einen herrlichen Blick auf den Fuji genießen werden. Kirschblüten im Frühling, Lavendel im Sommer, tiefrotes Laub im Herbst und Schnee im Winter … Erleben Sie die Schönheit der Natur und den Wechsel der Jahreszeiten.

5 schöne
LAUFSTRECKEN

446 **OLYMPIAPARK KOMAZAWA**
1-1 Komazawa Koen
Setagaya-ku ⑬
+81 (0)3-3421-6431
tef.or.jp/kopgp

Der 2,1 Kilometer lange Weg windet sich einmal durch den Park, und das ganz ohne Ampeln. Die Strecke ist mehr oder weniger flach, und beim Laufen kann man sehr schön den Wechsel der Jahreszeiten beobachten. In der Nähe des Parks gibt es Einrichtungen mit Schließfächern.

447 **MEIJI JINGU GAIEN**
1-1 Kasumigaokamachi
Shinjuku-ku ④
+81 (0)3-3401-0312
meijijingugaien.jp

Die Straße um Jingu Gaien ist 1,3 Kilometer lang, aber man kann auch den Kaiserlichen Garten von Akasaka mitnehmen, sodass man auf eine Gesamtstrecke von 3,3 Kilometern kommt. Entlang der Route gibt es einige Möglichkeiten zum Umziehen und Duschen, eine davon ist ein öffentliches Badehaus namens Shimizu-yu (3-12-3 Minami-Aoyama, Minato-ku).

448 **MEGURO-FLUSS**
Nakameguro
Meguro-ku ②

Eine fünf Kilometer lange Laufstrecke. Der Fluss ist ein beliebter Spot, um von Ende März bis Anfang April Kirschblüten zu sehen. Läufer sind im öffentlichen Badehaus Kohmeisen stets willkommen (1-6-1 Kami-Meguro, Meguro-ku). Es existiert sogar ein Freiluftbad auf dem Dach.

449 **ODAIBA-KAIHIN-PARK**
1-4 Daiba
Minato-ku ⑮
+81 (0)3-5500-2455

In diesem Park gibt es gleich zwei Joggingstrecken mit einer Länge von fünf und sieben Kilometern. Beide bieten Meerblick, sind ebenerdig und haben keine Ampeln. Nutzen Sie die Umkleiden und Duschen des Marine House am Beginn der Strecke.

450 **SHAKUJII-PARK**
1-26-1 Shakujiidai
Nerima-ku
+81 (0)3-3996-3950

Der Park verfügt über einen 1,75 Kilometer langen Joggingweg, der sich einmal um den Shakujii-Teich schlängelt. Leider gibt es keine Duschmöglichkeiten in der Anlage, aber Sie können die Münzschließfächer im Shakujii Park Furusato Bunkakan nebenan benutzen. Auch wenn der schöne Sanpoji-Teich nicht auf dem Weg liegt (es gibt zwei Teiche im Park), so ist der Besuch trotzdem lohnenswert.

449 ODAIBA-KAIHIN-PARK

5
ÖFFENTLICHE SCHWIMMBÄDER

451 **SPORTHALLE TOKIO**
1-17-1 Sendagaya
Shibuya-ku ④
+81 (0)3-5474-2114
tef.or.jp/kopgp

Die Sporthalle Tokio, 1956 eröffnet, war das Hauptveranstaltungszentrum während der Olympischen Spiele. Es gibt zwei Schwimmbecken mit 50 und 25 Metern. Vergessen Sie nicht, Ihr Shampoo und Duschgel mitzubringen. Beim Kauf eines Tagestickets haben Sie Zutritt zum Trainingsraum und zum Fitnessstudio.

452 **SCHWIMMHALLE AM HAGINAKA-PARK**
3-26-46 Haginaka
Ota-ku ⑭
+81 (0)3-3743-2155
haginaka.kbm.cc

Dieses Zentrum, betrieben von Ota City, bietet sechs Schwimmbecken. Die Außenbecken sind von Mitte Juli bis Ende August offen, die Becken drinnen sind das ganze Jahr in Betrieb. Von September bis Juni werden die Pools beheizt. Die Wasserrutschen im Innen- und Außenbereich sind besonders bei Kindern der Hit.

453 **TOKYO TATSUMI**
INTERNATIONALES SCHWIMMCENTER
2-8-10 Tatsumi
Koto-ku ⑮
+81 (0)3-5569-5061
tatsumi-swim.net

Das 50 Meter lange Becken kommt regelmäßig bei offiziellen Wettbewerben zum Einsatz, kann aber auch von ganz normalen Besuchern und sogar Kindern genutzt werden. An Tagen ohne Turniere kann man das Schwimmbad den ganzen Tag zum Festpreis besuchen.

454 SUMIDA SPORTS KENKO CENTER

1-6-1 Higashi-Sumida
Sumida-ku ⑮
+81 (0)3-5247-7755
sumispo.com

Wer Spaß hat in einem schönen Hallenbad, der braucht sich nicht um das Wetter draußen zu scheren. Hier gibt es fünf Bereiche: ein Becken für kleine Kinder und Babys, ein Becken für Kinder, ein Strömungsbecken, ein 25-Meter-Becken sowie eine Wasserrutsche. Am 25. Tag jeden Monats ist der Eintritt kostenlos. Natürliches Sonnenlicht durchflutet die Schwimmhalle, was für eine tolle Atmosphäre sorgt.

455 SCHWIMMBAD IM OST-CHOFU-PARK

5-13-1 Minami-Yukigaya
Ota-ku ⑭
+81 (0)3-3728-7651
east-chofu.jp

Noch ein Schwimmbad, das von Ota City betrieben wird. Das 25-Meter-Becken ist bis 21 Uhr geöffnet, aber man kann hier so viel Zeit verbringen, wie man möchte. Der Außenbereich ist von Juli bis August freigegeben. Das 50-Meter-Becken draußen ist gewöhnlich weniger überfüllt.

451 SPORTHALLE TOKIO

5 Strecken zum WANDERN und BERGSTEIGEN

456 **TAMA KYURYO**
Hachioji-shi/Hino-shi/Tama-shi/Inagi-shi/Machida-shi

Tama Kyuryo bezeichnet ein weitläufiges Gebiet, das sich von der Grenze zur Präfektur Kanagawa bis zum Fuße des Bergs Takao erstreckt. Hier gibt es mehr als 20 Wanderstrecken zur Auswahl. Eine dieser Touren führt Sie zum Kreisverkehr Sakuragaoka, der eine Rolle in dem Studio-Ghibli-Film *»Stimme des Herzens – Whisper of the Heart«* spielt.

457 **JINBA**
Hachioji-shi

Dieser Berg (Höhe: 857 Meter) befindet sich an der Grenze zu Hachiōji, Tokio, und Sagamihara, Kanagawa. Er ist nicht besonders schwer zu besteigen, selbst für Anfänger. Ende April ist der Bergkamm mit Kirschblüten bedeckt.

458 ODAKE

Nishitama-gun

Mit einer Höhe von 1266 Metern ist der Odake einer der 200 höchsten Berge Japans, wo es immerhin mehr als 10 000 Gipfel gibt. Wenn Sie kein fortgeschrittener Alpinist sind, nehmen Sie einfach die Seilbahn. Rund um den Berg gibt es eine Reihe von heißen Quellen: perfekt für ein erfrischendes Bad nach der Wanderung.

459 TAKAMIZU

Ome-shi

Dieser Wanderweg windet sich über die Kämme dreier Berge: Takamizu (759 Meter), Iwatake Ishiyama (793 Meter) und Sogaku (756 Meter). Für die Gesamtstrecke benötigt man etwa vier Stunden, sie ist also auch für Anfänger oder gar für Bergneulinge und Grundschulkinder geeignet.

460 KAGENOBU

Hachioji-shi

Dieser Berg befindet sich zwischen dem Takao und dem Jinba. Hier gibt es auf dem Gipfel zwei traditionelle Teehäuser *(chaya)*, von denen aus man einen schönen Blick auf den Fuji hat. Wenn Sie den Bus vom Bahnhof Takao nehmen und in Kobotoke aussteigen, benötigen Sie für den gesamten Aufstieg circa eine Stunde.

5

FAHRRADROUTEN

461 **EDOGAWA-RADSTRECKE**
AM UFER DES EDOGAWA
Edogawa-ku
edogawacr.com

Eine 60 Kilometer lange Route von der Mündung des Edo bis zu jenem Punkt, an dem der Tone abzweigt. Ein Großteil des Weges ist gepflastert und damit für jeden leicht zu bewältigen. Bitte beachten Sie, dass die Strecke nicht exklusiv für Fahrradfahrer angelegt wurde. Man sollte also stets auch auf Fußgänger achtgeben.

462 **WAKASU-PARK**
3-1-2 Wakasu
Koto-ku ⑮
+81 (0)3-3522-3225
tptc.co.jp/en/c_park/03_07

Dieser sechs Kilometer lange Weg entlang der Bucht von Tokio ist fast komplett ebenerdig, was auch Fahrradtouren mit Kindern möglich macht. Normale Fahrräder (26 und 20 Zoll) sowie Tandemräder können vor Ort angemietet werden. Kinder können zudem unter Fahrrädern in Tiergestalt und verschiedenen Dreirädern ihr Lieblingsgefährt aussuchen.

463 **RADZENTRUM YOYOGI**
2-1 Yoyogi Kamizonocho
Shibuya-ku ⑦
+81 (0)3-3465-6855

Das Radzentrum Yoyogi befindet sich im Yoyogi-Park. Hier können Sie Fahrräder für Erwachsene und Kinder mieten, ebenso Tandemräder für zwei. In einer Ecke des Parks üben Familien gern mit ihren Kindern das Fahren mit Stützrädern.

464 **FAHRRADSTRECKE TAMAGAWA**
AM UFER DES TAMA
Ota-ku ⑭

Eine 60 Kilometer lange Panoramastrecke entlang des Ufers des Tama. Wenn Sie gern einen tollen Ausblick genießen möchten, ist dies eine gute Wahl. Die Route führt an Wohngebieten vorbei, sodass Sie problemlos unterwegs Toiletten, Verkaufsautomaten und kleinere Supermärkte finden werden.

465 **SHOWA MEMORIAL PARK**
3173 Midoricho
Tachikawa-shi
showakinen-koen.jp

Dieser Park verfügt über einen 14 Kilometer langen Fahrradweg sowie drei »Fahrradcenter«, wo man ein Fahrrad mieten kann. Natürlich können Sie auch ihr eigenes Rad mitbringen. Diese Strecke ist ausschließlich für Fahrräder freigegeben, Fußgänger dürfen sie nicht benutzen.

462 **WAKASU-PARK**

5 Orte zum
KLETTERN

466 **ROCKY BOULDERING GYM**
5-4-38 Konan
Minato-ku ⑭
+81 (0)3-6712-9538
rockyclimbing.com

Das größte Kletterstudio in Tokio. Es fasst bis zu 160 Gäste und bietet verschiedene Parcours mit unterschiedlichen Schwierigkeitsgraden. Eine Vorausbuchung ist nicht erforderlich. Vergessen Sie nicht, bequeme Kleidung und Socken mitzuführen. Alternativ können Sie aber auch Kletterschuhe vor Ort mieten.

467 **BOULDER VILLAGE**
1-8-4 Nihonbashi-Bakurocho
Chuo-ku ⑮
+81 (0)3-6661-7990
boulder-village.com

Dieses Kletterzentrum befindet sich in einem Geschäftsviertel und ist bis 23 Uhr geöffnet. Die Aufstiege wurden von professionellen Kletterern entwickelt und bieten für jeden Besucher interessante Herausforderungen. Die verschiedenen Schwierigkeitsstufen sind mit Farben gekennzeichnet. Wenn Sie etwa die gelbe Strecke wählen, suchen Sie die Stelle, die mit »S« für Start ausgewiesen ist und folgen Sie dann den gelben Markierungen.

468 **ENERGY CLIMBING GYM**
4-9-9 Takadanobaba
Shinjuku-ku ⑪
+81 (0)3-6279-3155
7a.biglobe.ne.jp/~energy

Dieses Fitnessstudio ist nur eine Gehminute vom Bahnhof Takadanobaba entfernt. Der Hauptkletterbereich bietet eine Polytopwand sowie ein 130-Grad-Gefälle für fortgeschrittene Kletterer. Für Anfänger gibt es ebenfalls einen eigenen Bereich. Wer mag, kann an einem halbstündigen Schnupperkurs teilnehmen.

469 **BOULDERING GYM GRANNY**
6-7-3 Higashi-Ueno
Taito-ku ⑩
+81 (0)3-6874-8112
granny-ueno.jp

Hier findet man vier Kletterwände mit jeweils einer Steigung von 90, 115, 125 und 170 Grad vor. Das Team vor Ort erstellt täglich neue Parcours, sodass es nie langweilig wird, egal wie oft man vorbeischaut. Wenn Sie zu viert oder in einer noch größeren Gruppe klettern möchten, buchen Sie am besten einen eigenen Platz.

470 **LAGO**
1-7-3 Honan
Suginami-ku
+81 (0)3-6676-6012
lakers.co.jp/lago/index.html

Dieses Fitnesscenter ist für Besucher ab sechs Jahren geöffnet. Bis 14 Uhr können Frauen und Kinder für nur 600 Yen klettern – eine tolle Idee, wenn Sie und Ihr Kind diesen Sport einmal ausprobieren möchten. Der Unterricht für Anfänger ist sogar kostenlos.

5 Plätze zum
ANGELN

471 **BENKEI-ANGELCLUB**
4-26 Kioicho
Chiyoda-ku ⑤
+81 (0)3-3238-0012
maidokun.com/benkeifishing

Wussten Sie, dass Sie in Akasaka Barsche angeln können? Das geht zum Beispiel von der Bankei-Brücke aus, oder Sie mieten sich ein Gleitboot. Hier gibt es auch reiche Gründe an Karpfen und Schlangenkopffischen, und im Winter können Sie vielleicht die eine oder andere Regenbogenforelle fangen. Am Wochenende sollten Sie rechtzeitig ein Boot reservieren.

472 **ICHIGAYA-ANGEL-ZENTRUM**
1-1 Ichigaya Tamachi
Shinjuku-ku ⑤
+81 (0)3-3260-1324
ichigaya-fc.com/fishing/

Wenn man an einem künstlich angelegten See angelt, nennt man das in Japan *tsuribori*. Einer dieser *tsuribori* befindet sich in der Nähe des Bahnhofs Ichigaya im Herzen von Tokio und ist besonders bei Karpfenanglern beliebt.

473 **KASAI-RINKAI-PARK**
6-2-1 Rinkaicho
Edogawa-ku
+81 (0)3-5696-1331

Dieser Park, der die Bucht von Tokio überblickt, bietet gleich mehrere Angelstellen. Meergrundeln und Barsche können das ganze Jahr hindurch gefangen werden, andere Fische je nach Saison. Bitte beachten Sie, dass das Angeln in der Brandung nicht erlaubt ist und dass es hier jede Menge Stachelrochen gibt.

474 **DER FLUSS EBITORI**
6-chome Haneda
Ota-ku ⑭

Der Ebitori ist ein Fluss der Klasse A in der Nähe des Flughafens Haneda. Der Name bedeutet übersetzt »Garnelenfangfluss«, aber Sie können hier auch Meergrundeln und Barsche antreffen. Vergessen Sie nicht, ihre Angelrute, Köder und Verpflegung selbst mitzubringen, denn hier gibt es keinen Laden für Anglerbedarf.

475 **YUMENOSHIMA-PARK**
1, 2, 3-chome
Yumenoshima
Koto-ku ⑮
+81-(0)3-5569-8672
tptc.co.jp/park/03_03

Diese Parkanlage, nur drei Minuten zu Fuß vom Bahnhof entfernt, erlaubt es Besuchern, kostenlos nach Meergrundeln und Barschen zu angeln. Am Ufer steht ein Zaun, sodass kleinere Kinder gefahrlos mitmachen können.

471 **BENKEI-ANGELCLUB**

5

FOOD-FESTIVALS

476 **AOYAMA PAIN FESTIVAL**
UNU-MARKT
5-53-70 Jingumae
Shibuya-ku ③
bread-lab.com

Das beliebteste Event rund um den UNU-Markt. Dieses Festival geht über ein ganzes Wochenende und stellt mehr als 60 Bäckereien aus dem ganzen Land vor. Einige der Bäckereien verkaufen speziell für das Festival entwickelte Sandwiches.

477 **SHIMOKITAZAWA CURRY FESTIVAL**
RUND UM DEN BAHNHOF SHIMOKITAZAWA
Setagaya-ku ⑫
curryfes.pw

Das Viertel Shimokitazawa ist bekannt für seine kleinen Schauspielhäuser, aber es gibt hier auch eine Handvoll außergewöhnlich guter Curry-Restaurants. Während des Shimokitazawa-Festivals können Sie sich einmal quer durch die verschiedenen Anbieter essen, von Currys aus Indien und Thailand bis zum mit Curry gewürzten *karaage* (Brathähnchen) und *omuraisu* (in ein dünnes Omelette gewickelter Reis). Wenn Sie beim Essen Stempel sammeln, können Sie sich am Ende des Besuchs ein Festival-T-Shirt abholen.

478 **THAI FESTIVAL**
YOYOGI-PARK
2-1 Yoyogi Kamizonocho
Shibuya-ku ③
thaifestival.jp

Dieses Festival wird von der thailändischen Botschaft ausgerichtet. Mit mehr als 300 000 Teilnehmern pro Jahr ist dies die beliebteste Veranstaltung im Yoyogi-Park. Von *tom yum goong* bis *khao soi*, hier können Sie authentische Gerichte der thailändischen Küche genießen und beliebte Tropenfrüchte aus Thailand probieren.

479 **TOKYO RAMEN SHOW**
OLYMPIAPARK KOMAZAWA
1-1 Komazawa Koen
+81 (0)3-3490-3810
Setagaya-ku ⑬
ramenshow.com

Des größte Ramen-Festival unter freiem Himmel in Japan wurde im Jahr 2009 ins Leben gerufen. Probieren Sie hier regionale Ramen-Gerichte aus dem ganzen Land sowie verschiedene Suppen – *shio* (auf Salzbasis), *shoyu* (auf Sojasoßenbasis), *miso*, *paitan* (milchige Brühe) und *tonkotsu* (Brühe aus Schweineknochen) – mit einer Auswahl an Einlagen.

480 **OKINAWA MATSURI**
IM YOYOGI-PARK
2-1 Yoyogi Kamizonocho
Shibuya-ku ③
okifes.tokyo

Dieses Festival bewirbt die Präfektur Okinawa, und zwar nicht nur die dortige Küche, sondern auch die Musik und die vielen lokalen Traditionen. Probieren Sie *goya champuru* (kurz gebratene Bittermelone) und *mimiga* (Schweineohr) und dazu vielleicht ein Orion-Bier. Anschließend können Sie mit den freundlichen Okinawesen eine Runde *eisa* tanzen.

忠犬

20
WISSENSWERTE DINGE UND UNNÜTZE DETAILS

5 Dinge, die man in Japan
BESSER NICHT TUT

481 **SCHUHE IM HAUS TRAGEN**

Vor dem Betreten eines Hauses, eines *ryokan* oder der Haupthalle eines Tempels sollten Sie sich die Schuhe ausziehen, außer, man hat Ihnen ausdrücklich versichert, dass das nicht nötig ist. Werden am Eingang Hausschuhe angeboten, schlüpfen Sie hinein. Wenn Sie einen Tempel im Winter aufsuchen, nehmen Sie sich ein extra Paar Socken mit, damit Ihre Füße schön warm bleiben.

482 **DIE NASE LAUT PUTZEN**

Japaner machen nicht gern laute Geräusche, außer beim Nudelessen. Wenn Sie sich die Nase putzen müssen, nehmen Sie ein Papiertaschentuch in beide Hände, um so unnötigen Lärm zu vermeiden. In Japan werden keine Stofftaschentücher zum Naseputzen verwendet.

483 **SICH IM ZUG, AUF DER STRASSE, IM RESTAURANT ODER ANDERSWO KÜSSEN**

Selbst, wenn Sie Ihre Liebe gern öffentlich bekunden möchten, küssen Sie Ihre Partnerin oder Ihren Partner bitte nicht in der Öffentlichkeit. Das tut man einfach nicht in Japan (allerdings kann man hin und wieder schon mal spät am Abend knutschende Pärchen sehen).

484 **MIT STÄBCHEN SPIELEN**

Es gibt so etwas wie eine Stäbchen-Etikette. Stäbchen in eine Schale Reis zu stecken und Essen von Stäbchen zu Stäbchen rüberzureichen mag vielleicht für Nicht-Japaner akzeptabel sein, aber Japaner werden bei so etwas an bestimmte Begräbnisriten erinnert.

485 **UNGEWASCHEN IN EIN BADEBECKEN STEIGEN**

Wenn Sie in ein öffentliches Badehaus oder in das Gemeinschaftsbad eines *ryokan* gehen, müssen Sie Ihren Körper vor dem Gang ins Becken waschen. Tauchen Sie nicht Ihr Handtuch oder Gesichtstuch ins Wasser. Diese Regeln sind wichtig für die Hygiene. Sie mögen doch auch lieber sauberes Wasser in Ihrem Bad, oder?

5 BELIEBTE TREFFPUNKTE

486 **HACHIKO-STATUE**
VOR DEM BAHNHOF SHIBUYA (JR, TOKYO METRO)
1-2 Dogenzaka
Shibuya-ku ①

Dies ist die Statue des legendären Hundes, der seinem Herrchen so treu ergeben war, dass er vor dem Bahnhof Shibuya jeden Tag auf dessen Rückkehr wartete, sogar, nachdem dieser verschieden war. Vielleicht haben Sie diese Geschichte auch im Kino gesehen: Der Film *»Hachikō – Eine wunderbare Freundschaft«* wurde von der Geschichte rund um diesen Hund inspiriert.

487 **MOYAI-STATUE**
SÜDTOR DES BAHNHOFS SHIBUYA (JR, TOKYO METRO)
1-1 Dogenzaka
Shibuya-ku ①

Diese Statue erinnert ein wenig an die Statuen auf den Osterinseln, doch sie stammt von der Insel Niijima, die ein Teil Tokios ist. »Moyai« kommt von *moyau*, dem Dialekt, der auf dieser Insel gesprochen wird, und bedeutetet »zusammenarbeiten«. Die Statuen auf der Insel wurde vor ungefähr 50 Jahren geschaffen.

488 **GIN-NO-SOZU-PLATZ/ SILBERGLOCKE**
Bahnhof Tokio, zentrale unterirdische Passage
Chiyoda-ku ⑧

Angeblich einer der beliebtesten Treffpunkte am Bahnhof Tokio, aber Sie werden ihn nicht leicht finden, denn hier gibt es zahlreiche Geschäfte. Laden Sie sich die App der East Japan Railway auf Ihr Smartphone, damit Sie sich nicht verlaufen.

489 **SHINJUKU NO ME/DAS AUGE DES SHINJUKU**
IM SUBARU BUILDING
1-7-2 Nishi-Shinjuku
Shinjuku-ku ⑦

Shinjuku no Me, auch bekannt unter dem Namen *L'œil de Shinjuku* (Das Auge des Shinjuku) ist ein Acrylobjekt der Bildhauerin Yoshiko Miyashita aus dem Jahr 1969. Dieses Werk mit einer Gesamtgröße von 10 Meter mal 3,4 Meter wurde schon in vielen TV-Produktionen als Kulisse verwendet. Im Zentrum des Auges drehen sich ganz langsam LED-Lichter.

490 **IKEFUKURO-STATUE**
Vor dem Bahnhof Ikebukuro (JR, Tokyo Metro, Seibu-Ikebukuro-Linie, Tobu-Tojo-Linie)
Toshima-ku ⑪

Fukuro bedeutet »Eule«, klingt aber gleichzeitig auch wie *fu* (eine Vorsilbe mit der Bedeutung »kein«) und *kuro* (Sorge). *Fukuro* ist also auch ein Symbol für Sorgenfreiheit und reimt sich auf Ikebukuro, den Namen des Bahnhofs. Die Ikefukuro-Statue befindet sich nahe der *kita-kaisatsu* (der nördlichen Fahrscheinbarriere).

489 SHINJUKU NO ME/DAS AUGE DES SHINJUKU

5 Dinge, die Sie vor BESTEIGEN EINES ZUGS wissen sollten

491 **UNTERSCHIEDLICHE FAHRSCHEINE FÜR DIE VERSCHIEDENEN BAHNUNTERNEHMEN**

Der öffentliche Nahverkehr in Tokio wird von mehreren unterschiedlichen Unternehmen betrieben: zwei Metro-Gesellschaften, JR und einer Handvoll privater Bahnunternehmen. Für jeden Betreiber muss man in der Regel ein eigenes Ticket erwerben. Am besten besorgen Sie sich eine Pre-Paid-Karte wie Suica oder Pasmo.

492 **AM REISEZIEL ZAHLEN**

In Japan ist es möglich, bei Ankunft am Reiseziel den Fahrpreis noch einmal anzupassen. Das bedeutet, dass Sie am Ende der Fahrt den genauen Fahrpreis entrichten können, selbst, wenn Sie aus Versehen ein günstigeres Ticket gekauft haben. An Bord gibt es keine Fahrscheinkontrolleure in Zivil.

493 **KEIN TELEFONIEREN MIT DEM HANDY IM ZUG**

Tokios Zugunternehmen untersagen, dass Zugreisende mit dem Handy telefonieren, auch wenn der Empfang ausgezeichnet ist. Die Leute im Waggon sind einfach still und nutzen die Textfunktion ihres Telefons. Vergessen Sie bitte auch nicht, den Klingelton Ihres Handys abzustellen.

494 **ROLLTREPPEN-ETIKETTE: LINKS STEHEN**

Keiner weiß, woher diese Regel kommt, aber die Leute in Tokio stehen meist auf der linken Seite der Rolltreppe (in Osaka ist es übrigens genau andersherum). Selbst, wenn ihr Zug bereits am Bahnsteig steht, laufen oder gehen Sie nicht einfach auf der rechten Seite drauflos, denn die Züge in Tokio kommen in sehr kurzen Abständen hintereinander.

495 **STELLEN SIE SICH ENTSPRECHEND DER MARKIERUNG AM BAHNSTEIG AUF**

Wenn Sie genau hinschauen, sehen Sie auf dem Bahnsteig Markierungen, die die Position der Zugtüren anzeigen: Dort können Sie in den Zug steigen. Meist stellen sich die Fahrgäste hier in zwei Reihen auf. Manchmal weisen die Markierungen auch auf den Bereich hin, wo man auf den nächsten Zug warten kann.

495 **STELLEN SIE SICH ENTSPRECHEND DER MARKIERUNG AM BAHNSTEIG AUF**

5 Fakten über

JAPANISCHE TOILETTEN

496 **DIE JAPANISCHE TOILETTE**

In Japan gibt es traditionell »Hocktoiletten«, auch wenn diese immer mehr verschwinden und in Privathaushalten durch die westliche Toilette ersetzt werden. Benutztes Toilettenpapier sollte immer heruntergespült werden – egal ob japanische oder westliche Toilette.

497 **RELATIV SAUBER**

Selbst öffentliche Toiletten in U-Bahnhöfen, in Parks oder auf der Straße sind relativ sauber. Sollten Sie jedoch sehr viel Wert auf Hygiene legen, dann nehmen Sie sich ein Fläschchen Handdesinfektionsmittel mit, da es in öffentlichen Toiletten manchmal keine Seife gibt.

498 **WASHLET**

Das Washlet ist ein Produkt, das von der japanischen Firma TOTO erfunden wurde. Wenn Sie den Knopf drücken, erscheint eine Düse mit lauwarmem Wasser, mit dem man das Hinterteil wäscht. Bitte drücken Sie keinesfalls auf den Knopf, wenn Sie gerade nicht auf der Toilette sitzen.

499 OTOHIME

Japanische Frauen schätzen es nicht, wenn man Ihnen beim Geschäftemachen zuhören kann. Deshalb gibt es in Japan eine Maschine, die das Geräusch einer Klospülung nachahmt. Wenn Sie damit keine Probleme haben, brauchen Sie das Gerät nicht einzuschalten. Drücken Sie aber bitte nicht aus Versehen auf das *otohime* statt richtig abzuziehen.

500 WIE MAN DIE TOILETTE SPÜLT

Es gibt viele verschiedene Arten von Klospülungen. Handgriffe zum Drücken, zum Hochziehen, Knöpfe, Sensoren, automatische Spülung … Das alles ist reichlich kompliziert, selbst für Japaner. Es muss also für Ausländer, die kein Japanisch lesen können, sogar noch verwirrender sein. Halten Sie Ausschau nach Hinweisen. Viel Glück!

REGISTER

IMPRESSUM

DEUTSCHE AUSGABE © 2019 BRUCKMANN VERLAG GMBH, MÜNCHEN

AUTOR – Yukiko Tajima

FOTOS – Koji Ishikawa - www.koji-ishikawa.com

COVERFOTO – Nezu Art Museum (secret 346)

LAYOUT – Joke Gossé und Tinne Luyten

DEUTSCHE ÜBERSETZUNG – Silke Elzner

PROJEKTLEITUNG – Annika Wachter

LEKTORAT & SATZ– Ewald Tange

KORREKTORAT– Christiane Gsänger

HERSTELLUNG – Alexander Knoll

Printed in Slovenia by Florjancic
ISBN 978-3-7343-1582-4

www.the500hiddensecrets.com

Die Deutsche Nationalbibliothek verzeichnet diese Publikation in der Deutschen Nationalbibliografie; detaillierte bibliografische Daten sind im Internet über http://dnb.d-nb.de abrufbar.